茶源道始 盟誓之城

总策划／卫　星
杨照辉
张善强
白文彬

主　编／赵联涛
王鸿彬

本卷主编／吴泓波
傅　礌

云南出版集团
云南人民出版社

《文化普洱》丛书编委会

文化普洱・宁洱

本卷编委会

图书在版编目（CIP）数据

文化普洱．宁洱 / 吴泓波，傅礌主编．-- 昆明：云南人民出版社，2016.12
ISBN 978-7-222-13928-2

Ⅰ．①文… Ⅱ．①吴… ②傅… Ⅲ．①宁洱哈尼族彝族自治县—概况 Ⅳ．① K927.43

中国版本图书馆 CIP 数据核字 (2016) 第 262653 号

创意策划： 云南出版集团公司产业发展部
出 品 人： 胡 平
责任编辑： 文艺蓓 刘 焰
设计总监： 袁亚雄
装帧设计： 雲南非鳥文化傳播有限公司
责任校对： 陈春梅
责任印制： 洪中丽

文化普洱·宁洱

主编： 吴泓波 傅 礌
出版： 云南出版集团 云南人民出版社 // **发行：** 云南人民出版社
社址： 昆明市环城西路 609 号 // **邮编：** 650034
网址： www.ynpph.com.cn // **E-mail：** ynrms@sina.com

开本： 787mm×1092mm 1/16 // **印张：** 16.25 // **字数：** 110 千
版次： 2016 年 12 月第 1 版第 1 次印刷
印刷： 云南出版印刷（集团）有限责任公司 云南新华印刷一厂

书号： ISBN 978-7-222-13928-2 // **定价：** 59 .00 元

如有图书质量与相关问题请与我社联系
审校部电话：0871-64164626 出版部电话：0871-64191534

云南人民出版社公众微信号

总序

关于普洱，可以列举出如下一些文字和数据——它位于云南西南，辖一区九县，面积4.5万平方公里。东南与老挝、越南接壤，西南与缅甸毗邻，2015年末总人口259.4万，其中，少数民族人口占总人口的61%。境内江河纵横、森林茂密……不过，这样的描述也许会让你感到枯燥和记不住普洱的特征，我们还是换一种更为形象的表述方式吧！

普洱是云南省面积最大的一个州市，其辖区面积比台湾省陆地面积还要大。由于它的森林覆盖率高达68.7%，所以又被称为地球北回归线上最大的绿洲。另外它的名气也大，这当然要归功于这片土地上盛产的普洱茶，让很多搞不清它的方位的人也在不经意中记住了这个地方。

普洱的东南与越南、老挝接壤，西南则与缅甸毗邻，国境线长达486公里。从澜沧江（境外称湄公河）航道出境沿江而下，可直达东南亚五国，所以有“一市连三国，一江通五邻”的说法。历史上普洱一直是中国通往东南亚的重要门户，著名的南方丝绸之路之一。除了澜沧江、红河、南亢河三条水道可直通境外，仅陆上通道就有17条之多，所以普洱是我国名副其实的面向南亚、东南亚辐射中心的前沿窗口。

普洱民族众多，世代居住在这里的民族有14个，包括哈尼族、彝族、拉祜族、佤族、傣族、布朗族、瑶族等。其中很多民族又有多个支系，有的支系间服饰和语言的差别很大，只有专家才搞得清楚。当然，这样的现实又造成了众多的民族特色文化的繁荣。普洱动植物种类繁多，矿产资源和水能资源丰富，如果说云南是“动物王国”“植物王国”和“矿物王国”，那么普洱就是整个云南的缩影，在探明的矿藏中有金、铜、铅、锡、铁、钾盐，储量位居全省前列，仅一个惠民铁矿的储量就高达21亿吨。水能资源蕴藏量1500万千瓦，这让普洱成为“西电东送”和“云电外送”的重要基地。

上述这几个现实的存在，从文化的角度来看，带来的是普洱丰富的民族文化，以及多元文化在这儿的碰撞和交融，在普洱构成了令人眼花缭乱的多彩和灿烂。

打开“文化普洱”系列丛书，无论是综合卷还是最北面的景东卷，或者“一县连三国”的江城卷，你首先感受到的是在这块土地上无处不在的普洱茶文化。这片绿叶由于得天独厚的优秀品质和独特的风味、独特的功效，以及伴随着它诞生的那些诸如茶马古道等文化，像镇沅卷中记述的那棵古茶王树，历经数千年依然活力四射、葱茏如盖。在整个普洱可记可述的历史中，无论是从原始部落直接过渡到现代文明的民族，还是那些经过“改土归流”演变到今天的群体，都可以看到普洱茶文化的影子在其间闪烁，只是有时是主角，有时是配角，但其内涵的深厚，仍然令人为之感喟不已。

花开花谢，日落日出。在很长的时间里，普洱与外界的联系相对闭塞，但生活在这块土地上的各族群众，却与日月天地为伴，与山水鸟兽为友，在一方水土中演绎出一方风流。多样的民族歌舞，是普洱大地上的一绝，傣族的马鹿舞、象脚鼓舞，佤族的甩发舞，拉祜族的芦笙舞，一亮相就惊艳全场，并通过专业团队和影视作品传遍了世界。《阿佤人民唱新歌》《婚誓》等富有普洱民族元素的歌曲，至今仍在共和国的大地上飘扬。

走进普洱，那绿色的大地，清新的空气，连片的万亩茶园，宜居的生态环境，如今已经得到了公认。在思茅卷中，那些来自山林的鲜活野生菌、带着自然清香的花卉食品，会使你对“生态普洱”有一个直观的概念；在澜沧卷中，抚摸着茶马古道上那些深深的蹄印，听着千年万亩古茶园中的自然箫声，你仿佛看到了边疆与祖国心脏的血肉相连，听到了边疆人民反对外敌入侵的呐喊；走进宁洱卷，带你瞻仰被誉为“新中国民族团结第一碑”的民族团结誓词碑，你会为那些决心在共产党领导下，为新中国努力奋斗的少数民族代表们掷地有声的誓言感到由衷的钦佩；在孟连卷中，八百多年关于孟连土司的记载，会让你感受到边疆社会发展的历史轨迹；在景谷卷里，那些在菩提树绿影中摇曳的傣族佛教文化和众多的仙踪佛迹，会让你的心灵再一次得到净化；在西盟卷中，佤族文化的冲击会像木鼓阵阵，拷问着我们这个现代文明世界的是是非非；在墨江卷里，那个被北回归线一分为二的小县城，则会用娓娓动听的语言，讲述双胞胎节的故事，讲述不同民族间文化相互交融的历史；在江城卷里，登上十层大山，透过中国、越南、老挝的同一块界碑，在鸡鸣三国的黎明中，你会感叹异国其实离我们那么近……

漫漫岁月，风雨沧桑。古往今来，普洱大地上值得点赞的色彩何止上述几笔，甚至也不是这套丛书中的一百多万字就能叙述完毕的。总之，这块土地上丰厚的文化内涵，也催生了普洱人的文化自信。一批批普洱的作家、诗人、画家、书法家和摄影家，以家乡的事物为题，创作出了一件件精美的文艺作品。其中，誉满中外的绝版木刻，更成为普洱文化的一张重彩名片。

为了进一步推动普洱文化的繁荣发展，普洱市委、市政府决定从增强文化软实力着手，编辑一套全面、权威，同时又图文并茂的“文化普洱”系列丛书，将普洱的人文精神完整地展现出来。为了完成这个前所未有的任务，全市九县一区组成了市、县（区）两级撰稿班子，集中了本土文化学者、作家、摄影家反复讨论、精心构思、实地考察，本着突出特色、尊重历史、实事求是、传承文明的原则，历经一年多的辛苦努力，完成了这部生动、鲜活，有独特文化韵味的丛书。

和以往编辑出版的介绍普洱的书籍不同，这套丛书打破了传统的编辑体例，以文化为核心，用散文的手法，完成了对普洱文化魅力的提炼，将普洱文化的价值做了全面的提升。尽管是第一次组织编辑这样的丛书，有经验的欠缺和县（区）间协调的不足，但丛书的编辑出版，是普洱文化发展的一件大事。这套丛书，也必将会成为中华文化海洋中的一朵美丽浪花。

从古到今，文化一直是一个民族的血脉，一直是人民群众的精神家园。因为文化的薪火传承，因为对文化价值的守望，才造就了一个民族的共同文脉。普洱的各族人民，也同样在漫长的岁月中坚守自己的文化家园，不因交通的隔阻而断流，也不因生活的艰辛而放弃，像上天赐予普洱的那片绿色茶叶，最终会让世界认识她醇厚凝重、越陈越香的特殊品质。

“文化普洱”丛书编辑委员会

2015 年 10 月

目录

第一章
百年古城

解读老普洱的历史，要把心和脸都贴近大地，贴在久远的时光长河中，贴在高山密林的涛声里，才能感受到那厚重、苍凉而又辉煌灿烂的历史颤音。

在老普洱的时光里，闪烁着祖先的智慧、土地的灵感和山河的璀璨……那是一段千回百转的茶盐古道，是一曲牵肠挂肚的赶马小调，是一个个还散发着丝丝热气的马蹄印，更是跳动在亘古大地上厚重、朴实而又意味深长的歌谣……

一个寨子

普洱的历史，是从一个娟秀的小寨子开始的，一如桑蚕抽出了一条漫长的丝绸之路，无穷尽地、灿烂辉煌地展现在世人面前。

由邓启华先生主编，云南大学出版社出版的《清代普洱府志选注》中记载，“普洱”为哈尼族发音，水边的寨子之意，人称“水湾寨”。

我们来复原一下这个寨子最初的样子：普洱山下，东洱河、金鸡河、温泉河、虾洞河由北往南流淌，汇集在一起后便形成普洱大河，朝西南方向流出普洱坝子。由于河流汇并，在靠北边的山脚下，形成个依山傍水、土地肥沃、群山环绕的小盆地，被先民选中为居住地。

西汉元封二年（前 109 年），汉武帝带兵出征巴蜀地区，攻打劳浸、靡莫等部落，继而挺进昆明，滇王不战而降，逃到今晋宁设益州郡，普洱就属益州郡哀牢地。东汉时属永昌郡的南涪县。到北周时，永昌郡已经不存，建濮部，普洱为濮部所属地，直至隋朝末年。唐朝景龙元年（707 年），唐王朝击败了南侵洱海的吐蕃，并

不断扩张自己的势力范围，同时大力扶持居住在今巍山一带的“蒙舍诏”王皮逻阁。开元二十六年（738年）皮逻阁在唐王朝的支持下，攻打五诏，统一洱海地区，继而吞并了滇东的两爨，割据云南，建立了南诏奴隶制政权，唐王朝册封皮逻阁为特进越国公，为云南郡王，赐名“蒙归义”。天宝七年（748年）皮逻阁驾崩，朝廷封其子阁罗凤为云南王。宝应元年（762年），阁罗凤亲自率领大军“西开寻传”，收降了裸形、祁鲜等部落，以永泰元年（765年）在今景东设立银生府，统理黑嘴（今傣族先民）等部落，在今普洱设“步日睑”，属银生府管辖范围。宋代大理国时期改称“步日部”，先后属银生节度和蒙舍镇，元代仍称步日部，为元江路所属的十二部之一。明洪武时改写为“普日”。万历《云南通志》中记载有“车里之普洱，此处产茶，一山耸秀，名为光山……”也就是说，到万历元年（1573年），这个地方的名字就正式称为“普洱”了。清顺治十八年（1661年），普洱为十三版纳之一，编隶元江府管辖。顺治十六年（1659年）七月，元江土知府那嵩反清，派遣其弟弟那伦驻守普洱；十月，那嵩兵败，他自焚而死，

1 1987年的普洱县城

2 老普洱凤新街

那伦又带兵叛乱，元江府派五十名兵将驻防普洱。

所以，普洱是由“步日”演变而来的。历史上的“步日”“普日”“普洱”的记载，实际上都是普洱的古名异写。“日”古读音为洱，“步日”的古读音即“普洱”。以已有文字记载的历史看，从“步日”到“普洱”，历经近千年。这是各民族在历史长河中不断分化融合，各民族语言及汉文译写不断规范进化的过程和结果。

这个依山傍水的小寨子迅速发展起来的原因，是因为上天赐予了一片树叶——茶叶。这片与人们生活息息相关的叶子一经发现，便被广泛接受和流传，人们不断地到水湾寨来买茶叶，或者贩卖出去，天长日久，生长在普洱广阔大地上的绿叶，就被称之为“普洱茶”了。普洱，也因此形成了以茶和盐为主要交易品并兼容西藏等多地多种商品共同交易的“花茶市”集市和贸易中心。

宁洱县城全貌

一道奏书

普洱的土壤、光照、气候等条件特别适宜普洱茶的生长，山坡上、寨子周边，都生长着成片成林的古茶树，经过几代人的努力和开发，这个水边小寨子越来越喧嚣繁华了。磨黑盐的开采与利用，加速了普洱与外界的贸易往来。推动古普洱历史车轮快速转动的，是这样的一道奏书……

普洱的土壤、光照、气候等条件特别适宜普洱茶的生长，山坡上、寨子周边，都生长着成片成林的古茶树，经过几代人的努力和开发，这个水边小寨子越来越喧嚣繁华了。磨黑盐的开采与利用，加速了普洱与外界的贸易往来。

由于普洱地处滇南边陲，崇山峻岭，千山万水，商贸交易困难重重，由此产生了以马帮为主要交通工具的运输模式，并以惊人的速度得到发展，以普洱为起点的茶马古道辐射到京城和中原地带，同时延伸到东南亚各国。因而，这个叫“普洱”的寨子里便汇集了中原和沿海的商客马帮，还吸引了南亚、东南亚各国的商人和欧洲传教士、探险家，他们纷纷从崇山峻岭的古道上冒险前来，各种文化在这里碰撞、交融和渗透。这个小地方经济贸易、社会发展、文化昌盛的中心地位因此而非常突出。

1887 年的普洱府城

到了清朝雍正年三年（1725 年），朝廷把广西巡抚西林觉罗·鄂尔泰调到云南，任云贵总督（同时兼广西巡抚）。

鄂尔泰是满族人，历史上称这位官员为云贵广总督。他才高八斗、功勋卓著，深受雍正、乾隆两朝皇帝倚重，在大清历史上地位显赫，普洱也是造就他成为重臣的重要舞台之一。

雍正元年（1723 年），鄂尔泰任过云南乡试考官，所以，他对这个地方不陌生。鄂尔泰是在康熙三十八年（1699 年）中的举人，四年后袭佐领，授三等侍卫。十多年后，升任内务府员外郎，他偶尔会因公事到雍亲王府走动。四皇子胤祯想与鄂尔泰套近乎，鄂尔泰是个精明人，他知道皇帝老子的一窝儿子正剑拔弩张，打得头破血流，还不知道最后鹿死谁手呢，故而他不与胤祯多往来。雍正皇帝登基后曾召鄂尔泰谈过话，他说："汝为郎官拒皇子，其执法甚坚。"对他做人的本质给予了很高的评价。也难说，正是这个原因，雍正更加器重他。雍正三年（1725 年）八月二十五日，鄂尔泰由江苏布政使升为广西巡抚。十月底又接到调任云南任总督的公文。他可谓官运亨通，步步高升了。

来到云南，鄂尔泰踌躇满志。他马不停蹄地走边地看实情，听民声，并把了解到的情况进行了认真总结和梳理。没过多久，他就向皇帝上了一道奏折，汇报他在滇了解到的情况和管理好此地的打算、建议。大概的意思是说：皇上，滇南这地方广袤无边啊，实在是太广阔了，资源丰富啊，但也不好管理，特别是以少数民族为主的西南方，民族众多，居住分散，管理混乱，矛盾重重。主要原因是，各少数民族都在执行世袭的土司或头人制，这些朝廷没有任命过的地方土官，个个都心高气傲，都想称霸一方，很难和睦相处，他们为了维护各自的利益，经常相互厮杀、殴斗，导致这些地方战乱频繁，社会很不稳定，必须在这块广袤的土地上推广“改土归流”制度，朝廷才能很好地管理这个地方等等。鄂尔泰在这道奏书中说的另外一个重要事情，是告诉皇帝，这个地方是连接中原和南亚、东南亚的中枢要道，是抵挡外敌入侵的第一道防线，万万大意不得。鄂尔泰建议朝廷，要筑牢防线，巩固此地的拥有权。

“改土归流”，是明朝发明并推行的一种行之有效的管理模式：由朝廷派出的官员（即流官）管理世袭的土司或者头人（即土官）最终达到朝廷中央掌控和管理目的的管理形式。

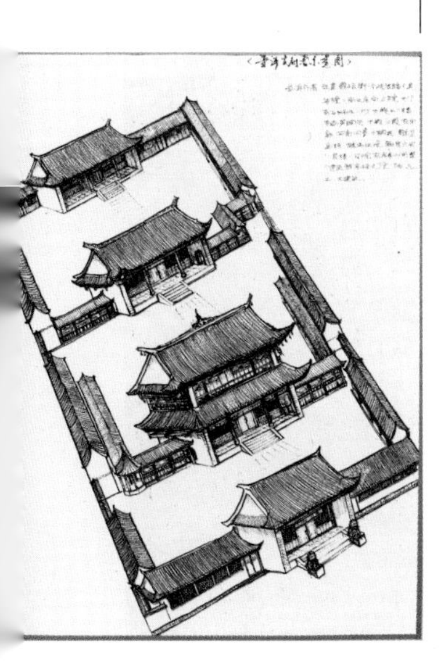

鄂尔泰的担忧，不是没有道理，早在10世纪左右，就有泰国清迈与缅甸掸邦一带的“八百媳妇国”和老挝等寇贼入侵过我们的地盘，当时的车里等地曾普遍遭受战乱的祸害。

一个远离京城十万八千里的边疆荒野地，当然是很难进入皇帝和朝廷官员的视野的，经鄂尔泰这么一说，众臣觉得的确有道理，自己的土地理应固守好。问题是，这道牢固的防线，筑在什么地方为好呢？不用担心，细心的鄂尔泰都想到并给安排好了。他在奏书中说：这府，就建在普洱吧，因为这里是普洱茶和磨黑盐的发源地，以茶和盐巴为主的频繁交易，已经把这个地方弄得非常热闹了，就连老外也来了呢。在这里设立一个府，让流官们在此办公，管理这大块土地，一点问题都不会有，朝廷呢，当然会稳稳当当地把这个边塞要地掌握在自己的手里。

雍正皇帝认为，这鄂尔泰工作很踏实啊，把情况分析得合情合理，找不出什么纰漏，言辞之间，充满了耿耿忠心。于是，大笔一挥："同意推广'改土归流'！""同意在普洱设府！"

清雍正七年（1729年），也就是1729年的9月17日，一个秋高气爽的好日子，水湾寨的大小人物，欢欣鼓舞地拥到街头，参与并见证了普洱府成立的热闹场面。不过，很多老百姓并不明白，成立这么一个普洱府对他们来说意味着什么，很多人只是图个热闹罢了。

水湾寨就这样跨入了普洱府时代。

新成立的普洱府管辖思茅、江内之普滕、整董、猛乌、乌得、六大茶山和他郎厅、威远厅等地域。

由于地域广阔，发展快速，普洱府再次上书皇朝，建议设立县，

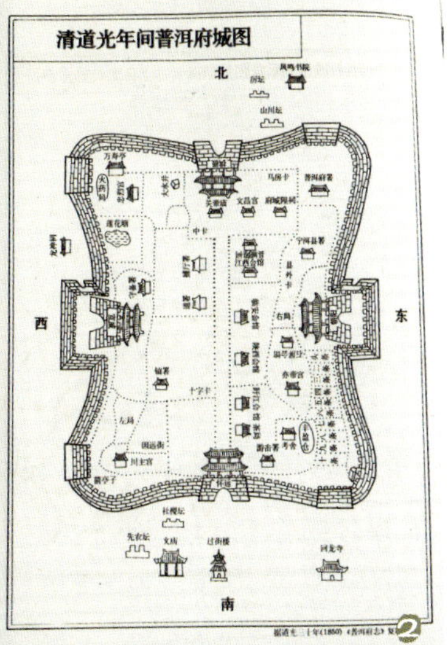

❶ 宁洱县署

❷ 普洱府城图

❸《普洱府志》

获准。雍正十三年（1735 年），普洱府成立第六年，设宁洱县，为“宁静和谐的普洱”之意，县址就在普洱府内，划园通、信成、善长、嘉会、义正五里和猛养、思茅、普滕、整董、猛乌、乌的六版纳等地域归宁洱县管，当时，宁洱县所管辖的土地面积为 7000 平方公里（现为 3669.77 平方公里）。遗憾的是，由于清政府的腐败无能，猛乌、乌得于 1896 年 7 月割让给当时法国殖民地老挝，即为现今老挝丰沙里的猛乌怒和乌再两地。

1951 年 1 月 1 日，宁洱县更名为普洱县；1985 年 12 月 10~12 日，普洱县第九届人民代表大会第三次会议上，做出了“撤销普洱县，成立普洱哈尼族彝族自治县”决议；2007 年 1 月 21 日，因思茅市更名为普洱市，普洱哈尼族彝族自治县相应更名为宁洱哈尼族彝族自治县。

其实，这块弹丸之地，先后还经历了许许多多的变迁，比如，乾隆三十一年十月壬戌（1766 年 11 月 27 日），设“迤南道”，驻普洱府城宁洱县，辖普洱、元江、临安、镇沅四府，第二年改为“迤南兵备道”，辖区为普洱府、顺宁府和镇沅直隶州、元江直隶州、景东直隶厅。民国二年（1913 年），改“迤南兵备道”为“滇南道”，之后相继成立“普洱道”“云南省第二殖边督办公署”“云南省第一区行政督察专员公署”“云南省第七区行政督察专员公署”“思普区临时人民行政委员会”和 “宁洱区行政督察专员公署”等等。无论称呼如何更改，这块热土没变，生活在这块土地上的勤劳淳朴的民众没变，这开放包容、吃苦耐劳、积极向上的普洱精神也始终没变。历届县委、县人民政府团结和带领全县各族群众，树立新常态观念，谋划新常态布局，力争把宁洱建设成昆曼国际大通道上的“绿色工业重镇、现代物流中心”。

一座古城

一座古城，一段故事，串起一段如歌的岁月，构筑起一道厚实的普洱古府文化大墙……

普洱府成立后，朝廷即向普洱府派出第一个知府（即流官），他叫佟世荫。这个基本上没有离开过京城的官员，携家带口，在马背上颠簸大半年，经过千山万水的跋涉后，终于在一个晴天的黄昏来普洱府外3公里的茶庵塘接官厅（本地外出任和外地来任官员的接送点），下得马车来，一一见过等候多时的地方官并寒暄一番后，一身朝廷官府服的佟世荫迈着麻木、发酸的双腿踱到接官厅门前，眺望着余晖包裹着的静卧在普洱山下的普洱府城，心潮澎湃，思绪万千！他是多么不愿意来这穷山恶水的不毛之地，奈何不能违抗朝廷命令，这一路的劳苦奔波，更是让他感慨不已。面对自己即将开始生活、为官的地方，他可谓忧喜参半，谁也没想到，这个本来抱有一腔热血而来的朝廷官员，在贪欲心的诱惑下，最终命丧牢狱。

茶庵塘接官坊

新府成立，急需解决的，一个是修筑城墙，保证府城的安全，真正起到抵御外来入袭的作用；另外一个，就是建府衙，确保正常处理行政事务。

事实上，早在“水湾寨”时期，人们就用竹篱笆或者木棍木桩将寨子围起来，以抵御野兽侵袭。南诏大理国将此地设治为“步日睑”后，围栏被分段拆除，兴建土墙。此后，普洱城墙一直没有停止过拆除、加固和修缮。明末清初，战乱多发，元江府正式调兵驻防普洱期间，通过加高、加宽、加固等手段改进了城墙建设，使之更加具备防御功能。

普洱府成立之初，云南巡抚张允随意识到，这个夹在大山旮旯里的小地方，潜力大着呢，咱修个城墙不能太小家子气，给后人、给外国人留下笑话。他认为，这墙不仅要修得结实、威武，还要修得美观、顺眼，省里和地方当然是拿不出那么大一笔修缮费的，于是，张允随亲自行文请示清政府，希望给予经费上的支持，把普洱府土墙彻底换成砖墙，树立大清帝国形象。遗憾的是，当时清政府财政状况不好，仅获准将土墙外墙（城墙有里外之分，中间距离可以骑马奔跑）改为砖墙。

那就先修外墙吧，等以后有机会，再争取，张允随这样安慰自己。

据记载，修缮为外砖内土的城墙周长 1081.55 米、厚 2.44 米，齿状城垛（古称雉堞）高 7.33 米，拦马墙高 1 米。东称“朝阳门”，西称“宣威门”，南称“怀远门”，北为“拱极门”。门洞上建盖砖木结构两层楼，高 10 多米，城四角建炮台，无护城壕（古称池）。城楼重檐歇山，三间转五，镂花门窗，雕梁画栋，很是耀眼。屋脊上挂有葫芦、禽兽等陶制涂釉饰物，阳光下熠熠生辉。檐牙下悬挂风铃（古称檐马），迎风叮当作响。整个建筑造型古朴雄伟，与高大敦实的城墙有机地连接在一起，互相辉映，蔚为壮观。各门洞上边还嵌有石刻横匾。当时，在云南一带，普洱府是非常有名的建筑。

此后，许多官员和民间士绅为保护这个城堡，可谓竭心尽力：乾隆十八年（1753 年），知府岳安、宁洱知县刘标集资进行了重修；乾隆四十五年（1780 年），普洱府成立后第 51 年，时任知县陈图请示朝廷获准后，最终将城墙的里外一律换成了砖墙；嘉庆九年（1804 年），知府卢元伟，嘉庆十九年（1814 年），知府王善垲，嘉庆二十年（1815 年），知府嵩禄分别以自己筹集资金和鼓励社会捐资的方式维修城墙；咸丰十一年（1861 年）西城门倒塌，民间绅士共同捐资修葺；同治元年（1862 年）十月，杜文秀为首的大理政权大都督蔡三、大将军王应科围攻府城，用地雷轰炸，城东南、东北等处倒塌二十余丈，南城门和楼均被损坏。蔡三率军从城东南攻入普洱府，中途中弹身亡。杜文秀再派大司马杨德明率援军开到普洱府，扎在那整、校场坝一带，敌军采取掘地道的方式，再次将城东南，东北各轰陷四十余丈，攻入城内；同治四年（1865 年）乡间绅民捐资重修城墙，巡道张同寿认为南“怀远”门有“怀孕”谐音，听起来不雅，便改为“昭文”门；光绪四年（1878 年），巡道许继恒、知府杨凌、总兵李维述用勐野井盐矿税收再次修缮被毁坏的城墙，可没完成；光绪七年（1881年）巡道沈寿榕、知府孙逢源奏请朝廷拨款续修缮，终于把历年所损坏的城楼、城墙全部修缮完整，三年后，即光绪十年（1884 年）宁洱城发生地震，部分楼、墙再次出现坍塌，东、西城墙损坏尤甚严重；十一年（1885 年）巡道陈廷珍进行补修，恢复南门为“怀远”门； 1920 年，西北城墙因火药爆炸，被毁三十余丈；1923 年，因为地震，雉堞坍塌甚多，后均被修复；1949 年 4 月 21 日云南人民讨蒋自卫军第二纵队进驻普洱时，仍保持了古城原貌。1951 年，城墙全被拆。

关于普洱府城墙的修复，在民间有这样一个经久不衰的传说：主持第一次外土墙换砖墙的人，是江西籍地理先生李莫夺，可他修建了东、西、北三座城门后，便停工，不愿继续修筑南门，他是这样向知府佟世荫汇报的：大人呀，老夫

1922 年普洱南门

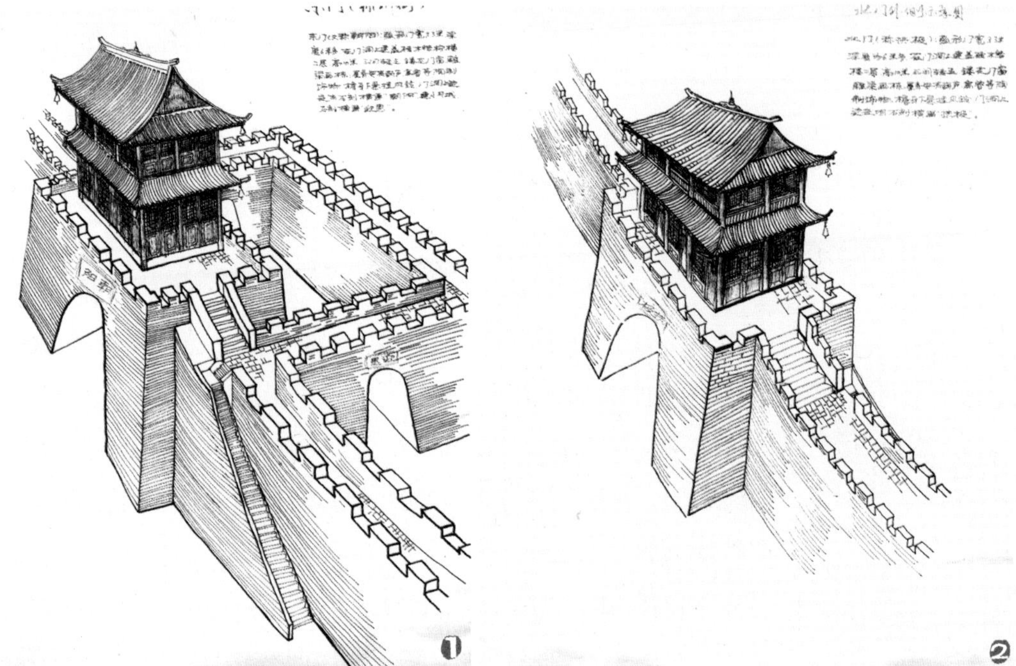

❶东　门
❷北　门

我的命相上只能修三座城门，否则就会“折阳寿”而被克死于城内；并且呢，老夫我是水命，南门属火，水火相克呀，使不得，使不得！

事实上，李莫夺拖着不修南门的真正原因，是因为府衙拖欠他的工钱，这些都是他追讨工钱想出的借口。

从清政府仅同意将土墙外墙改为砖墙的回复中不难看出，建城经费的确拮据，府衙拖欠李莫夺工钱也是有可能的。

虽然方法有点可笑，但很有道理。为了让李莫夺解除后顾之忧，顺利完成修建任务，府衙便将现位于宁洱县城西南方向三条河流汇总，灌溉比较方便的腊水田全部划归给李莫夺，以抵换修墙欠款，李终将普洱城门修完。为了方便管理田地，李莫夺干脆把家安在了腊水田对面的山上，后辈人便把这座山称为莫夺山，现在已经发展成为一个寨子，寨名就叫“莫夺山”。

古普洱府城外墙就是现在宁洱县城“一环”这条公路以内，即从现在的普洱中学门口到茶源广场，到凤凰楼再到文昌宫后面的路口。从现在的凤凰楼往上走的这条路口，

就是古时代的东门，南门是新民街头，西门是宁洱镇中学路与普洱中学路的交叉路口，北门则在文昌宫后面的路口。

据记载，从北门到南门的这条称为“凤新街”的街道，一直都没有改变或者更换名称，不仅因为这条街北接凤凰山，南接新民街，各取一个字而得名，更重要的是，这条街从普洱府城的中间穿过，把普洱府城分成两半，像一本翻开的书。如果是站在普洱山顶往下看，四方的城墙连在一起，一本翻开的大书的样子更加突出。因北边是凤凰山，文人们就把这特殊的地理造型称为“丹凤衔书”。意思是，这是一个与书结缘的城，是一个文化之城。

1922 年普洱西门

一场内乱

“文官爱钱不怕死，武官怕死又爱钱。”

一场因茶事而发生的内乱，把普洱茶更深刻地根植在普洱大地上。

设置普洱府后，普洱茶走向巅峰，境内老百姓基本都不种植米谷，以种茶为生。鄂尔泰以民商管理茶业事端太多为由奏请朝廷同意后，在思茅设总茶店，管理普洱府境内的茶叶生产、加工和销售。事实上就是由官府全面垄断茶叶的生产和经营了，负责此项工作的，是个叫朱绣的通判。

向来是由商民直接到六大茶山、茶户家进行收购，再贩于普洱府，上纳税课后转销四面八方的经营模式，被总茶店垄断后，朱绣将新旧商民全数驱逐出茶山，即便有少数逗留或者重返者，一经发现，全都施以酷刑。对冒险私下进行买卖的人，一旦发现，双方治以重罪，迫于种种压力，茶户只得将茶尽数运给官府总店。官家买卖，独断专行，非常不公，不是克扣秤头，压级压价就是拖欠茶叶款，往往是“百斤之价，得半而止”，加之茶山茶户与思茅距离遥远，都在几十或上百公里，茶户徒步来回非常困难。很多时候，交售茶叶还不顺利，官府提出这样那样的条件和标准，或者干脆让茶农无限期地等待。所以，总茶店设立不久，茶农已经怨声载道，而茶市行情却日渐叫好。官员贩卖私茶，兵役入山骚扰抢掠比比皆是，官民之间的矛盾一触即发。

其实，鄂尔泰设置茶总店的出发点是好的。他认为，由朝廷统一来管理这一大产业，不仅能够保障贡茶的质量和数量，对茶产业的发展也是非常有益的，他自己也非常喜欢普洱茶，曾经几次写诗赞美普洱茶。

鄂尔泰是有明令的，禁止兵役入山，严格查禁官贩私茶。实际情况是：文武各员，每年二三月间，就要派兵役进茶山，抢夺茶户利益，或者短价强买，情况非常混乱。

雍正十年（1732 年）四月，普洱总兵李宗膺打着巡边旗帜，到茶山搜刮民财，接着普洱知府佟世荫又命令土千户（土官）刀兴国征集三个月的备用军粮食。刀兴国叩首行跪，劝阻说："总兵风行草偃，民力已竭，似未能连奉复车，请待至明年。夷人倒不肯卖鬻儿女，茶又归官，供贷路绝，帷牯牛圈豕以为贡献之地耳。"自己的要求当面被拒绝，佟世荫非常生气，当即呵斥刀兴国，并命令随从踢打刀兴国。刀被打得遍体鳞伤。伤透了心的刀兴国艰难地从地上站起来，缓慢而坚定地把朝廷赐给他的官帽、衣服和鞋子脱下来甩在地上，对天长叹道："拼死算了，还要这何用？"他光着头、赤着脚、穿着内衣，两眼怒火地冲出衙门，策马奔回村寨。

一场雍正帝所担心的叛乱终于发生了！

刀兴国拟就官文奏报云南总督自己起义的原因后，组织了以拉祜族、傣族为主的各少数民族群众于芒坝河蝙蝠洞聚众盟誓，一场以反对流官苛征重税的起义开始了。

起义军以木刻传信，联络茶山及江坝、威远厅、他郎厅、通关哨、新平、元江等地的民众共同反清。

起义军和朱绣率领的清朝官兵多次交锋、厮杀，双方都

有很大的伤亡。五月二十二日，上千名起义军在刀兴国、杨昌禄、李世藩等率领下，围攻普洱府，刀兴国不劫库，不破城，只要求擒杀佟世荫和镇总兵李宗膺，而此时，这两大爷早闻风逃离普洱府，躲到昆明城了。起义军转攻思茅，并在城外围困两月之久，这给通判朱绣得以守城等待援兵提供了时间上的保障，加之起义军武器简陋，七月，清王朝调兵6000余人，镇压起义军，刀兴国及其家眷亲属、部分起义人员共4000余人被杀、俘或者战亡，起义失败。

事后，云南总督高其倬查明了佟世荫扣压刀兴国奏报云南总督讲述事变缘由的官文，明白起义真相后，发出“文官爱钱不怕死，武官怕死又爱钱，云南岂能太平乎？”的感叹，立即奏请朝廷，最后，总兵李宗膺被革职，佟世荫以“匿毁官文、干扰军机”罪判坐绞监狱。

一条街

茶盐内藏的巨大经济利益，让南来北往的客商趋之若鹜。为保证利益最大化，他们以地域的方式抱团组队，一个个大小会馆、茶馆，如雨后春笋，迅速丰富和发展了这块土地……

普洱府的设立，让此地的发展迈入快车道。古府内，车水马龙、熙熙攘攘，南来北往的商人、官员交织如梭，海外传教士、游客逐渐涉足，极大地带动了物流和文化流，形成了以茶、盐为主线的马帮文化、中原文化、多民族文化以及国外的宗教文化相碰撞、相渗透和共发展的普洱府文化体系。

会　馆

会馆，同乡人在异地所设置的办事机构，相当于现在的办事处。

千里迢迢落脚普洱的外地人，为了维护自身的利益，与

江西会馆

同一地方来的商人抱团组成同乡集团，他们出心出力出资，建盖同乡会馆，在会馆里商议大事、维护共同利益、协调解决发展中的各种矛盾问题，相互联络感情，发展壮大自己的团队和实力，以应付同行竞争；同时，也在此品茶聊天，享受边陲静美时光。

相继建成的会馆有："江西会馆""建水会馆""两湖会馆""秦晋会馆""四川会馆""石屏会馆"等等，形成了普洱古府独特的文化现象和地方风景……世事变迁，这些曾经是普洱古府辉煌时代重要标志性建筑，一一消逝在战争、运动和愚昧人群的脚下，基本上找不到痕迹，唯有现宁洱县城北的江西会馆，经众人力保，幸存了下来。

相传，江西籍大将军萧从道受朝廷的委派，出兵越南，打了个大胜仗凯旋，途经普洱府时，英勇的将士们为这里的山水、环境、人文所痴迷，便相约留了下来，在这里做事发展，娶妻生子，生根发芽，世代繁衍，成为正宗的宁洱人。所以，现在宁洱城和附近居民，说起祖籍，基本上都这样回答：江西来的。

一位姓朱的江西籍老人曾介绍过，他 7 岁随同父亲长途跋涉，来到普洱。初来时，父子俩在城内做饮食小本生意，勉强维持生计。16 岁上，有了点积蓄的父子俩买了五匹马，在茶马古道上做起买卖来，风餐露宿，坚持不懈，逐渐富裕起来，发展成为普洱府内的大户。

在江西会馆内，至今仍保存着六块乾隆年间留下的灯油碑（相当于功德碑），上面刻有“南昌府、建昌府、吉府”等字样，碑上有 600 余名捐款建设江西会馆的江西籍人名，所捐献的银两达 1000 余两。其中一名叫曾济昌的，捐献 22 两银子，为捐献最多者。据《普洱府志》记载，那时，衙门内普通当差的人员一年总收入仅为 6 两银子。由此可见，当年江西商人在当地是比较富裕的客商，也可以看出，同乡会馆在他们心目中的重要地位。

江西会馆始建于清雍正年间，占地面积达 2000 多平方米，会馆由大殿、观音阁、厢房、茶楼、戏台等建筑组成，里边供奉着肖公、神像、观音等雕塑，站在三层高的观音阁，举目远望，整个古普洱城尽收眼底。

《石屏会馆示意图》

江西会馆用料考究、结构严谨、设计精湛、布局舒展，所雕刻的图案更是美轮美奂，处处体现了雄、奇、秀、美的特点，蕴藏着色彩、线条、运笔、搭配、构图等美学元素，无不彰显出匠师们超群的技艺和对美的无限追求，在众多会馆中，可谓一枝独秀。

据考古专家考证，江西会馆糅合了儒、佛、道“三合一”的中国古代哲学教义，是包容的哲学思想体系的完美体现。

旧时，每年农历八月初一和十月初五，是江西会馆拜敬的吉日。当太阳冉冉升起之时，江西会馆内便敲钟擂鼓，众信徒聚集会馆，化纸烧香，念唱祭词，场景庄严肃穆，蔚为壮观。祭拜结束后，江西籍的文武之士们根据自己的嗜好和

❶ 普洱茶局、茶祠
❷ 两湖会馆

优势，握笔弄墨，琴棋书画，吟诗作赋，各显神通，好戏连台。

夕阳西下，自然少不了大摆宴席，一番盛世年华、热闹非凡之景象。

为纪念把江西籍祖先带到这个地方的萧大将军，江西人还特地在江西会馆里塑了萧大将军的塑像，为此，江西会馆也被称为“萧祠”。

早几年，江西会馆被一个马姓的生意人所购买，这也是这一会馆得以保存下来的重要原因。现在，走进会馆，还能够感受当时特有的风采。

茶　馆

没有手机，没有娱乐场所，没有电影电视，茶馆就是和朋友聊天喝茶、互通信息、情感交流的重要场所，也是消遣的好地方。

清朝末年，川籍人刘云山经营的“普诚兴”茶馆在普洱府内久负盛名。其茶馆以经营盖碗茶为主，即以精致的青花瓷盖碗为器具，把上等好茶放在碗里，由店小二冲洗干净，再用滚烫的开水冲泡，稍事冷却，客人便用右手轻轻连盖端起，左手提起盖子，慢慢滑动，伸长鼻子闻一闻茶气，嘬起嘴唇吹一吹，便“呷”地喝上

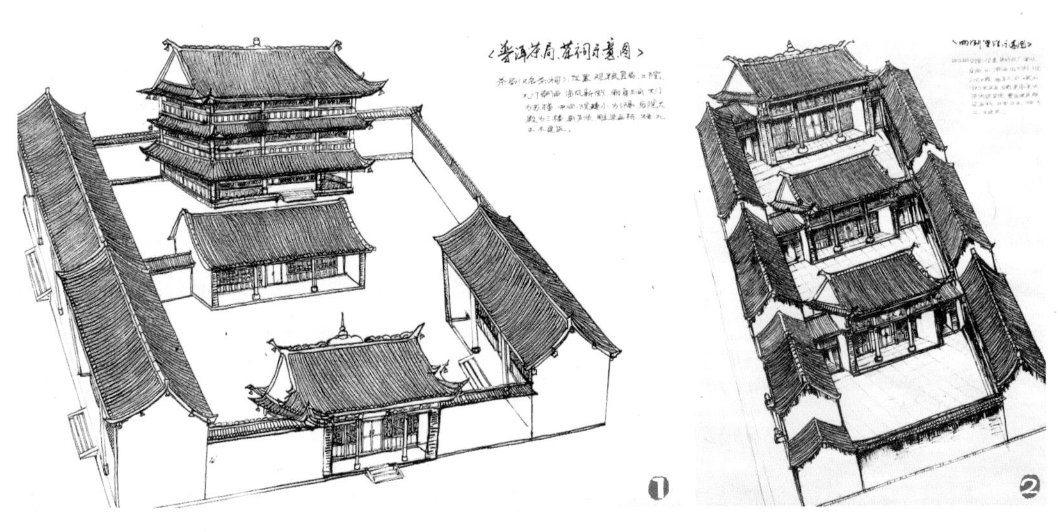

❶　❷

口，非常享受地闭上眼，茶水便“咕噜噜”地从嗓管里滑下，润了整个身心，那个美呀，可真是没法言说。

此茶馆用茶非常讲究，无论是新上市的晒青散茶，还是陈年老饼，都是上等之品，茶馆有20余张桌子，客人坐下后，根据需要点茶水和小吃。

茶馆不定时讲评书，有《三国志》《说岳》《封神榜》，以及本地民间故事《款张三的故事》《李莫夺与普洱城》等，自然少不了演奏本地古乐（现在的洞经古乐）。

普洱知府、知县、总兵等官员和城内的富商、名士绅经常来此茶馆。当然，必须派人提前通知茶馆，茶馆便留下好位置，等预订主人到，茶馆小二高呼某某大人或者某某老爷到！全场起立，热烈鼓掌，某某人环视全场，挥挥手，掌声戛然而止。某某人便拿着腔调说：“大家辛苦啦，今晚就让某某人请大家喝茶，三生有幸！”小二赶紧重新布置茶局，重新泡上好茶给每一个桌位，费用自然是算在某某人的头上。

这个叫刘云山的老板，精明得很，每一年就跟古宗人（西藏人）做一次买卖，这一年的吃穿用度就有着落了，加上茶馆里每天都有银子进账，这老头一家人的日子，过得可是色彩斑斓。

刘老板装茶的大容器，是城西般海村老百姓自己烧制的，称“陶罐”，制作工艺粗糙，却是装茶好器具：把般海本地泥土和出适当的稀释度，根据需要捏成大小不一的容器，文火烧制便可。随着茶事的发展，也曾极大地带动般海的土陶产业，直至今日，般海古陶还是宁洱民间工艺的代表之一。

茶　庄

清末民初的一个夏天，为了活命，16岁的浙江少年李华实和14岁的弟弟李华诚跟随逃荒者出逃，一路上，兄弟俩相依为命，历尽千辛万苦。后来，哥哥撇下弟弟，随商船下了南洋，两年后，弟弟也随商队进了中原。兄弟俩天各一方，牵肠挂肚，却杳无音讯。风雨兼程十余年后，南下的哥哥受雇于欧洲的冒险家队伍从湄公河逆流而上，来到普洱府城。无巧不成书，就在同一天，经历万般磨难的弟弟恰好也跟随马帮来到普洱府。

那是个大雾弥漫的清晨，兄弟俩不约而同来到凤新街老马家米干店吃豆汤米干。“要一碗加盖的豆汤米干”，弟弟才开口，一口浓重的乡音就击倒了站在旁边的哥哥……深藏在内心深处的亲情，像决堤的洪水，势不可当地淹没了两兄弟。离家别亲的酸、甜、苦辣以及昼思夜想的牵挂一起涌上心头，两兄弟当街抱头大哭。

为了感激和纪念这意外重逢的惊喜，两兄弟决定倾其所有，在相逢的地方创业——普洱府由此诞生了风云几十年的大茶庄——“复聚号”茶庄。

两兄弟非常谦虚、勤奋，凡事亲力亲为，对所招聘的服务人员也是以诚相待。“复聚茶庄” 迅速发展了起来，没出两年，其产品就成为销往广东、浙江、福建等地和出口南洋与欧洲的首选。“复聚号”也成为边疆少数民族地区与中原地带以及通往东南亚的普洱茶交易中心站，成为普洱茶的历史品牌。

茶　局

普洱火药局和普洱茶局是清普洱府有记载的两个府设机构。

茶局设在普洱府以南，是一间独立的楼房，一楼为品茶室，二楼专供听戏（大场），自然是边品茶边听戏。每天，普洱府内的名角和艺人分时段在这里表演，说书、看花灯、演奏古乐，有时，也请昆明等地的戏班子来表演，茶局自然成为古府最热闹的地方之一。

据说，当时在茶局唱戏的，最有名气的是一个叫黄晓舒的艺人，四川人。她 15 岁就在这茶楼唱戏，嗓子尤其好，只要一开口呀，定然获得满堂喝彩，加上人长得粉嫩红润，亭亭玉立，更是众人追捧的名角。黄晓舒最拿手的是唱京剧，黄梅戏也唱得不错，唱个地方

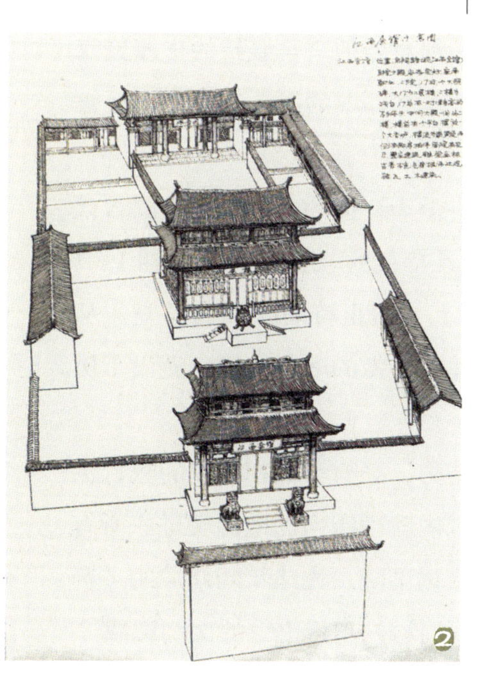

❶❷ 老江西会馆

小曲，更是刺疼人家的心尖尖儿，比如《拾手帕》《小桃红出嫁》，硬是把听众听得眼泪哗啦啦直往下流，久久不能从场景中回过神来。

茶局的作用，一是发放茶引，即发放茶叶批准数量的“通关”文书，茶商到各个关卡，必须凭官府的通关文书才能过卡。从普洱府到昆明，清政府共设 17 个关卡，一是防止胆大妄为者私自偷贩茶叶。二是盖印放关。每过一个关卡，每一批次的茶叶上都必须盖上“普洱府”的印章，方能成为合格的普洱茶。三是监督普洱贡茶的生产。每年的普洱贡茶从采摘、蒸制到包装封存，茶局必须全程进行监督。四是管理会馆。茶局相当于服务机构，对古府内的会馆进行规范的管理。

一所学宫

对老普洱的历史略知一二的人，都对当地文化底蕴的丰厚赞叹不已。其实，追根溯源，这“文化底蕴深厚”的源头，是至今还被后人念念不忘的三所书院。

寒暑百年易，沧桑几度迁。

对老普洱的历史略知一二的人，都对当地文化底蕴的丰厚赞叹不已。其实，追根溯源，这“文化底蕴深厚”的源头，是至今还被后人念念不忘的三所书院。

以传道济世、兼容并蓄、自由讲学为特征的书院，在中国古代教育史上占有重要的地位。这种极具特色的教育制度，直到1901年教育“新政”之后，才优雅地画上了休止符而改称为学堂。从此，这个曾代表着中国古代教育辉煌与骄傲的名字，逐渐淹没于历史的滚滚尘烟之中。

按照大清朝义律，设立府治的地方，必有与之相匹配的教育机构，也就是书院。普洱设府后，辖区内就理所当然地出现过三所有名的书院：普阳书院、凤鸣书院和宏远书院。光绪年间修成的《普洱府志》里面，就自豪地有了“普洱府城户习诗书”的文明记载。

普阳书院

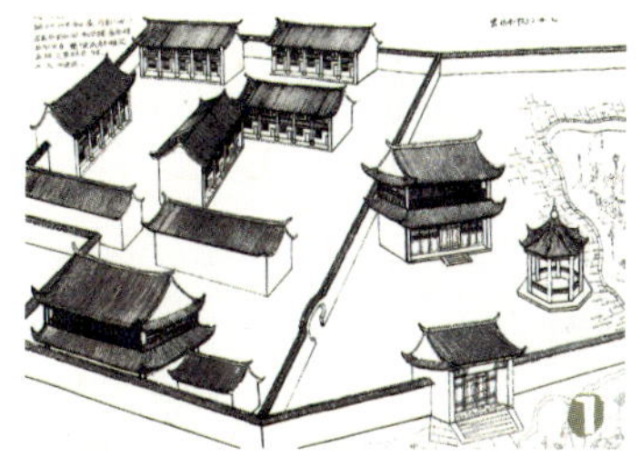

普阳书院建于雍正十年（1732 年），它是普洱府第二任知府漆扶助主持创办的。这是普洱教育史上的第一所书院，也是第一所官办书院。地点就在普洱府城南门外的新民街。书院建筑是砖木结构楼房，其实是个独立的具有北方气息的四合院。书院重点讲习科举的应试诗文，接收普洱府一县三厅的童子乡试的学生就读，官府安排一定的生活补贴。书院供奉儒家祖师爷孔子，所以有人称其为孔庙，本地人则习惯称为黉学。普阳书院的校长称为山长，由普洱知府聘用，每月得修银 120 两，另在年头岁尾得聘礼和贽敬各 4 两。书院成立后，整个府城的文化氛围日益浓厚起来，尤其到春节，府城内的住户都把字斟句酌地写一副好对联贴在自家的大门

❶ 宏远书院

❷ 1922 年 3 月 16 日 普洱高等小学

上当作一件很重大的事情。贴好后，拍着圆滚的肚子，从各个角落进行审视，无论是含意，还是纸张质量，或者粘贴，只要挑得出一丁点毛病，都要重来。自己不会写的，就只能请人帮忙，那是非常没有面子的事情。可见当时的文化教育氛围是何等的浓厚。漆扶助是个江西籍人，主办普阳书院的同时，老先生还先后在城内的关帝庙、文昌宫、明伦堂、义正里勐先等地开办了 6 所义学。辞世后，宁洱老百姓特地修建了“漆公祠”纪念这位教育先人。

凤鸣书院

清朝乾隆六十年（1795 年），威远同知（景谷县长）傅鼐倡办凤鸣书院，这是普洱府的第二个书院。最初设在凤新街头的文昌宫内，清朝嘉庆六年（1801 年），知府林以渭将其迁到北门外凤凰山漆公祠，并进行了扩建，挂上“凤鸣”匾额。这个书院生意比较好，有记载说，有一年生员、童生共 28 名。而且有书院山长主讲 1 人，管事 3 人，负责学生的日常生活。同治三年（1864 年），凤鸣书院毁于兵灾，一直到光绪元年（1875 年），地方乡绅捐赠重建。

❶ 普洱黉学

❷ 黉学示意图

宏远书院

清末，普洱府城以茶为主的贸易进一步扩大，道、府、县相继成立。而普阳书院和凤鸣书院受传统教育模式的影响，所培养学生只参加科举考试，只能死记硬背，书生味太重，老百姓需要的，是会说能记账的实用型文化人。比如，一个外地来的叫艾芳馨的乡绅，茶盐生意做得有声有色，却缺乏进货出货记账的人，加上他是外来的，在言语沟通上有一定困难，因为挑选不到适合的人才，生意陷入困境。他便联合和他同样困惑的乡绅一起，提出只要官府同意

❶ 1922 年老普洱师范学校

❷ 普洱中学大门

建书院，商家愿意出钱出力，这也算是最早的民间集资办学吧。

光绪二十二年（1896 年），在官民的积极倡导下，普洱府衙第三所书院——宏远书院在城西北莲花塘边破土开工。光绪二十三年（1897 年）八月某一天的早晨，笼罩在普洱府城上空的浓雾还没有散去，道员陈灿和知府、知县及众乡绅等一行在凤新街头的关帝庙前汇集，一起去视察刚完工准备开学的宏远书院各项工作进展情况。他们热热闹闹走进新建好的书院，只见东面修了大门，南面修了教学室， 在莲花塘的中心修建了澄心亭，整个莲花塘堤岸整理得清新淡雅，大家甚是高兴。道员陈灿提笔写下“坦荡荡襟怀，看山梁雉，濮濠游鱼，放眼时无非道妙；活泼泼天趣，喜绿草风光，白莲霁月，满腔子都是生机”一联，赢得众人的喝彩。校长是一个叫陈度的云南人。光绪二十年（1894 年）中举，时年才 31 岁。他积极推行西方教育模式，教授学生算学和其他新科，还灌输“三百六十行，行行出状元”理念，光绪二十五年（1899 年），宏远书院更名为“普洱译算学堂”，后来干脆改为“普洱府中学堂”，开启了边地现代教育先河，后来有人甚至称其是云南新学第一校。孙中山先生组建政府时的司法部次长吕志伊先生、云南独立战争蔡锷参谋总长庾恩旸将军、我国早期的炮弹专家柳灿坤、著名诗人雷同等都是普洱府中学堂的首届生。

宁洱这个小地方的文化底蕴可见一斑。

一道风景

在云长日落的光影变幻间，在攀缘与推进的过程里，“普阳八景”所守候和坚持、所感悟和触动的，是这块土地的灵动之美、自然之美和人性之美。

清朝有这样的习惯：凡设府之地，都须在府城附近精选出八处经典景点，称“××× 八景”，供官商游客游玩，也是地方文人吟诗作对的重要场所，普洱府也必须完成这个任务。

这可难为普洱府的各位大人老爷们了，咱这水湾寨那么漂亮，景点如此之多，到底选择哪八景才能全面代表普洱的风景呢？众官员出姜出蒜，意见不统一，这事就被耽搁了下来。设府 3 年后，普洱府第二任知府漆扶助认为，这事不能再这样拖着不办了，交代办事人员道：这是文化上的事，交给普阳书院就行了，书院不是有一批文化人嘛。这漆知府，可真是懂文化的聪明人，不仅巧妙地解决了难题，还给书生们提供了展示水平的机会。知府大人交办的事情，书院自是不敢怠慢，走访民间，听取府里老人意见，很是斟酌一番后，终于把这事给敲定了，精选出了八景。也正因由普阳书院的秀才来完成此事，此八景没有按照传统的模式称“普洱八景”而称为“普阳八景”。此八景是：“天壁晓霞”“仙洞春云”“龙潭秋月”“回龙夕照”“东岑兰萼”“西岭温泉”“城畔荷风”“茶庵鸟道”。

乾隆二十五年（1760 年），江苏籍举人单乾元到普洱任知府。此翁是位以德服人，注重文化修养的知县，他善诗文，尤其擅长行书书法，作品字体布局合理，书写流畅，如行云流水，所留下的诗句朗朗上口，颇有韵味，其“天壁晓霞”中的精美诗句“壁耸擎天柱，红飞捧日出”和“西岭温泉”中的佳句“山映清波净，花飞流水香”被人们广为传颂。单大人的“普阳八景”诗句曾被刻成方形横碑 4 块，嵌在西郊龙王庙正殿后墙上，

❶ 龙潭秋月
❷ 普洱山樱花
❸ 天壁晓霞

在“文化大革命”中被毁。

普洱第八任知府牛稔文是位风流倜傥的天津人，他用心治理府郡，在职的四年中，普洱风调雨顺，民众安居乐业，牛知府还在普洱留下大量的诗文墨宝。他擅长写山水风景，其文风有明显的中原文化痕迹。比如，“普阳八景”之“城畔荷风”中有“世若无君子，天何放此花”的佳句；“仙洞春云”中有“仙子何年去，闲云锁洞深”等让世人叫绝的美文佳句。后人同样把牛稔文的诗句刻为碑文，合嵌于单乾元的诗旁。可惜，“文化大革命”中龙王庙被拆除，刻碑遗失。

时光匆匆，世事变迁，“普阳八景”以它强大的生命力，在继承的基础上，被注入更深刻、更时尚、更人性化的内涵之后，利索地贯穿起老普洱的昨天、今天和明天。努力恢复“普阳八景”的历史风貌，推进全县旅游文化事业健康发展，是今天宁洱人民所致力的一件大事。

1 回龙夕照
2 城畔荷风
3 东岑兰蕚
4 茶庵鸟道

一桌好菜

普洱古府饮食在南来北往的官员、客商的带动下，被聪明智慧的普洱府厨师研究和实践，吸取精华，发扬光大，形成色香味俱全的普洱饮食文化系列，成为古府文化的重要组成部分。

酒席饭菜是最能反映一个地区的综合状况的，是这个地方经济文化繁荣发展、人丁兴旺的标志，像普洱府这样商贸频繁，文化碰撞和渗透得比较透彻的地方，饮食文化，自有其丰富驳杂的内容。

八八席

建府后，到普洱城任职的官员如流水一样，他们除了带着自己的家眷外，还带着自己的厨师，到任初期，他们是吃不惯本地口味菜饭的。地方乡绅富商宴请官员时，也必雇用官员所带来的厨师掌厨做菜。经过一段时间的适应后，才能够完全融入地方风俗。还有就是省内外客商来得不少，他们富裕而叼嘴，经常手把手教本地人做他们的家乡菜，或者干脆介绍家乡人到此开饭馆，如此一来，当地的厨师与外地厨师相互学习机会比较多，博采众长，久而久之，

形成兼有朔北、江南、湘、广、川、滇诸口味和古府口味相结合的普洱饮食系列，提炼出普洱古府特色宴席。“八八席”就是借鉴中原“满汉全席”，并融入地方饮食风味做成的普洱特色宴。民国十四年（1925）四月，思普沿边行政总局改为思普殖边总办公署，招待第一任督办禄国藩的宴席即为“八八席”。

“八八席”全席共有六十四道膳食：上香茗二道，干果、蜜饯、水果十二品，小吃十二品，酱凉菜、烧烤六品，前菜七品，膳汤、甜汤二品，佐菜二十三品。取材广泛，用料精细，山珍海味无所不包。菜式有咸有甜，有荤有素，烹饪技艺精湛，烧烤、火锅、涮锅一应俱全，扒、炸、炒、熘、烧等兼备。比如，“攒丝鱼翅”“锅巴海参”“清汤鲜鱼”“鲜清蒸熊掌”“红烧象鼻”“火炖鹿筋”“火腿笋片”“芙蓉花

八八席

豆”“粉蒸肉扣山药”“火腿夹芋头”“香菇扣肉”“小红肉”“脆皮烤猪”“酥皮烧膰”“鱼肚羹”等等。菜肴注重味鲜、气香、质洁、色美，实乃普洱菜系文化之瑰宝。

制作“八八席”，就连荤原料都非常讲究，比如，鸡肉必须取鸡脯，猪肉须取内脊或特定部位，龙潭边的草芽，泡地的水萝卜，东门外的卷心白等等。此菜肴是依次而上，上一道，须把前一道撤掉，随上随食。

“八八席”盛宴所使用的器皿也非同一般，盘、碗、碟（六寸以上为盘、五寸以下为碟）造型奇特，色彩华贵，六棱形、八棱形、方形、荷叶形、花瓣形、莲花形等等，应有尽有，每一件器皿上都精心绘制着不同的图案：有三星拱照的人物，有翩翩花丛的蝴蝶，有水中嬉戏的金鱼，有傲视群鸟的孔雀，图案形象逼真，栩栩如生，宾客使用的筷子是用白银、象牙做成。整套餐具高贵典雅，极尽奢华。

六品席

“六品席”是以六品六盘子命名的。席面为四海碗、六盘子、四佐菜组成。

①②③④ 六品席组图

出菜之前，桌上必先放点心四品，供客人开胃享用。用好餐后，上一海碗“甜汤”、摆上水果四品，结束席面。

开席前的四品点心为：“老马糕”“蜜饯酥”“瓜子”“核桃”或每人一小碗鸡蛋面。

“六品席”以头海碗菜定名和分等级。如，“熊掌六品席”“鱼翅六品席”“海参六品席”等。菜肴基本以山八珍、海八味和猪、鸡、鸭肉等荤菜及时令蔬菜荤素搭配构成。菜品中又分冷菜品、热菜品和汤菜。

八大碗

清朝乾隆年间，正值太平盛世，政局稳定，经济发展，人民安居乐业，饮食市场空前繁荣。普洱的“八大碗”在这

一时期应运而生，是普通人家年、节、庆典、迎、送、嫁娶、丧事招待客人的普遍菜肴。

“八大碗”集中了焖、烧、炖、炒、蒸等烹饪手法，其中“小红肉”最具代表性，从清代流传至今。“八大碗”其实即为八道菜：小红肉、酥肉、粉蒸肉扣山药、排骨炖萝卜、秤砣山药煮猪蹄子（或青菜煮大肠）、水酥（或打卤木耳）、打卤干笋、凉拌粉丝等。条件好的家庭，“八大碗”要加“四冷荤”，如腌鸭蛋、炒花生、肉松、香肠或豆腐肠，宴席快结束时加“八宝饭”或“甜汤”，或是在八碗菜中调换鸡、鸭、鱼烹调的菜肴。条件一般般的家庭，“八大碗”又叫“平头八大碗”，八道菜为：小红肉、卤肝肚、酥肉、打卤木耳、打卤干笋、凉拌粉丝、凉拌头发菜、萝卜煮排骨。条件中等的，多数把小红肉换成“毡帽肉”，即水煮白肉片。

“八大碗”必须摆在八仙桌上吃。“八大碗”寓意一年四季财源滚，万事如意，身体安康。

八大碗宴席

一部古乐

“洞经音乐”，这一从中原文化之邦传入边地的庙堂音乐，丝丝入扣，细腻委婉，传承至今，成为古普洱府重要的文化元素之一。

聆听这些华丽、舒缓、气势宏大的节拍，我们似乎又走近了那些远去的青葱岁月……久远了，古老了，如同一位目光深邃、满脸沟壑的老者。弹奏这一曲曲古乐，把古府文化的脉络清晰地串联起来，把普洱的昨天、今天和明天在我们的眼前舒展开来……

普洱府成立后，这块远离朝廷的旷野大地也由此而进入了朝廷大小官员的视野，尤其是普洱茶成为贡茶，南亚、东南亚等国的特色产品流进中国后，朝廷越发重视此地，接连不断派官员进驻普洱府开展工作。这些大官老爷千辛万苦、千里迢迢奔赴普洱，官位高的，讲排场的官员，不仅带上自己的家眷和厨师，还要带上自己的乐队，洞经音乐由此传入普洱古府，至今从未间断过。

祭天地、水火、五谷，祭孔子、祭武庙、祭奎星、祭神农、祭茶圣等重大庆典活动，基本上都是由官府出面主持，他们就把自己带来的洞经音乐派上场，慢慢地，本地人唱的也就多起来，寻常百姓家祝寿、家祭、送葬等活动也演奏洞经了，中原一带传过来的演唱形式，就此在普洱落地生根。

著名电影演员杨丽坤的八姐杨丽辉曾回忆道：“那时，

洞经古乐演奏

磨黑的洞经音乐很盛行，小九妹（杨丽坤）最爱听了。哪里有这个表演她就拉着我往哪里钻，一面听她就会跟着节拍舞起来。”

据《普洱县志》载：“洞经”是普洱书香世家爱好音乐的子弟组成的一种业余音乐团体，它完全由洞经世家的祖辈传承，以口教心记和耳听心记方式传承下来。洞经以坐着弹唱为主，所以也称为“做会”。普洱古府里，一年 12 个月，基本月月有“做会”，做什么会就要弹什么经，比如，做“关圣会”，就要弹《关圣帝君明圣真经》，做“文昌会”，就要弹《文昌大洞仙经》。“做会”时要焚香、张烁、设坛供三圣（即关公、文昌、岳飞），供糕点、糖果。用碗装叫供碗，用碟子装叫供碟，必须行跪拜大礼。弹经时由执木鱼者诵经选定曲牌起音，其他文武乐一齐跟上弹唱。还有一种弹唱方式，是沿大街走着弹，用于迎神赛会和路祭。弹唱洞经的人，必须是洞经世家子弟，身家清白，本人读书识字，不收文盲，不准女子参与，哪怕是洞经世家的女儿都不准涉足洞经。“做会”前必须斋戒、沐浴净身，不准吸烟。弹唱时服装要整齐，穿衫子、马褂。弹唱开始是要行跪拜大礼的。凡做会都是三天，第一、二天吃素，第三天开荤，凡洞经世家子弟都可去旁听学习。

洞经演奏一般十五六人，也可以三十多人。洞经演奏所用的乐器，也是以儒家的丝竹乐器为主，融进了道家的铃、铛，佛家的木鱼、磬等。乐器分文乐、武乐两种。文乐实际上就是儒乐，有大三弦、提琴、挽琴、笛子、洞箫、琵琶、筝、扬琴、阮等。武乐有大木鱼、小木鱼、低音锣、小锣、冬字锣、大钗、小钗、低音钗、碰铃、匀乐、磬、提板、板鼓、大鼓等。

普洱洞经曲牌有衬字，有叠字，有泛声，如歌唱中的“哎嗨”“哼哈”及十供养曲牌中的茶、衣供养和花供养等，都有与文意无关的衬叠、泛声。

弹洞经不像唱歌、唱戏那样放开嗓子。弹唱洞经有它独特的唱法，多用低沉的喉、鼻音哼出，才有洞经的风味，所以普洱人称唱洞经为“哼洞经”。一定的洞经曲牌，反映一定的声情，曲牌不同唱腔就不同，声情就不同，所以要弹的内容（经文）应与曲调的声情相符，才能相得益彰，格外动听。洞经的曲牌有的激昂，有的深沉，有的欢快，有的和谐婉转，弹唱时，务必做到每个字的声母、韵母的协调，必须把音乐的高低和字调的升降结合起来，唱时才能“发调”，才有一种抑扬顿挫的音乐美。普洱洞经是一板三眼的三眼板（现在音乐简谱的 4/4 拍子），所以是非常典雅的。

2000 年 12 月，云南艺术研究所张兴荣教授和美国加利福尼亚大学民族音乐东方系讲师英国人李海伦女士对宁洱的洞经音乐进行了采访。 李海伦感慨地说：“普洱洞经音乐是中国的无价之宝，是打开中国传统音乐宝库的金钥匙。它确

实很美，它不仅属于中国，而且属于世界。”

2005 年 12 月 7 日，宁洱县正式恢复成立“普洱洞经古乐队”，后更名为“普洱洞经古乐团”，目前正式名称为“宁洱县普洱洞经音乐团”。2013 年 10 月 22 日，普洱洞经音乐团被云南省文化厅公示为第三批云南省省级非物质文化遗产名录扩展项目。

宁洱县“普洱洞经音乐团”在继承传统的洞经弹唱精髓之外，结合时代发展的需要，不断融入茶文化、地方民族民间文化于演唱中，并应邀参加省、市举办的弹唱交流和比赛活动，取得较好成绩，为宣传茶都宁洱、扩大普洱茶乡宁洱的知名度做出了积极贡献。2013 年 11 月 7~18 日，宁洱县“普洱洞经音乐团”受老挝万象中华理事会的邀请，组成了 45 人的演出团队赴老挝慰问演出。演出团队历时 12 天，行程 3000 余公里，分别在老挝的乌都姆赛、琅勃拉帮、沙湾那吉 3 个省会和首都万象的华人学校进行了 4 场慰问演出，所到之处，受到华人华侨热情的欢迎和接待。它是宁洱县文化输出的一次大胆而有效的尝试，谱写了弘扬宁洱文化的新篇章。

洞经古乐演奏

一幅画卷

这是一幅被称之为古普洱的《清明上河图》的国画长卷，画卷再现了普洱府衙的辉煌历史。

北宋画家张择端绘制的北宋风俗画《清明上河图》因生动记录了中国12世纪北宋汴京的城市面貌和当时社会各阶层人民的生活状况而被称为中国十大传世名画之一，为国宝级文物。

2010年10月，在宁洱县首届中国茶马古道节上首次亮相展出的由宁洱本土画家陈启富国画作长卷《普洱府秋集图》，因其高端大气、形象逼真、水平精湛而引起广泛关注，被称为古普洱府的“清明上河图”。

陈启富是个土生土长的宁洱人，县文化馆绘画老师，从小对脚下的这片土地有着特殊的感情，以画作的方式展示家乡的美，表达自己对家乡的热爱，为家乡发展尽力是他多年的夙愿。经过多年的酝酿和多次反复的采访后，2005年4月陈启富开始动笔，这是他第一次采用熟绢本兼

《普洱府秋集图》

工带写的中国风俗画形式创作，经过 6 年的辛苦创作，此作品终于展现在人们面前。

这幅画作长 18 米，高 1.4 米，用直观真实的视觉艺术把南方热带雨林、边城风情，特别是普洱茶的集散地——普洱古府当年蔚为壮观的府城风貌和以茶为主的生产、加工，以及与国内外贸易往来的一派繁荣兴旺景象表现得淋漓尽致，生动地再现了以清朝皇家贡茶文化为中心的普洱茶文化的辉煌历史，是中国普洱茶文化中最光焰历史的生动写照。据统计，画作中的人物超过 3000 人，达官显贵、贩夫走卒，放风筝的儿童，沐浴的少女，驾牛犁田的耕夫，负担而行的老者，凡众生相，尽数罗列其中。最为难得的是，从服饰上还可以看出，画作中 56 个民族俱全，甚至还有金发碧眼的外国商人和传教士。除人物之外，房屋、店铺也是鳞次栉比、形态各

异，全国各地的商品琳琅满目、应有尽有。整幅画妙趣横生：有夫妇俩吵架，妻子举刀威胁的“惊刀”；驱赶的野猪挣脱，猪倌追赶的“惊猪”……《普洱府秋集图》包含了惊人、惊水、惊马、惊牛、惊猪、惊刀等经典情节，构图布局精细而巧妙。除人物之外，房屋、店铺种类和数量也是形态各异、数不胜数。这些人物景象，都活生生地展现出当时普洱府作为普洱茶集散地、茶马古道源头的历史地位和繁华历史。

2014 年，这幅长卷的高仿真版跨越海峡，来到了台湾，被收藏于台湾海峡交流基金会，为促进两岸文化交流做出了贡献。

《普洱府秋集图》得到了业界专家的肯定和赞叹，著名书法家王祥之为其题写画名并题词“读书得真趣，怀古生远思”，著名书画家晁锡弟题“传承民俗文化，彩绘绘写心声”…… 云南省文化学者刘祖武更是评价它：“填补了我国用绘画形式，以茶文化为主题，进而表现清朝南方人民生产、生活、娱乐、工业、商贸等民族、民俗风情的空白，堪称国画中的鸿篇巨制、上乘佳作。”

❶ 陈启富作画

❷《普洱府秋集图》（局部）

第二章
千年普洱

南方有嘉木，天下重普洱。

普洱茶因普洱而得名，普洱因普洱茶而名扬天下。勤劳智慧的宁洱先民在长期生产、生活实践中，探索出了独特的普洱茶加工工艺，铸就了普洱茶这一驰名中外的历史品牌。今天的宁洱，拥有野生型、过渡型、栽培型的茶园面积数十万亩，拥有1800年树龄古老的大叶茶种古树茶群落。在现代化进程中，普洱茶人，不断吸纳古人的精华，创出了一个个具有传统韵味又有时代特色的经典品牌。

普洱茶源·普洱山

普洱山是古普洱府城的灵魂所在，是普洱茶核心原产地的重要见证，是“茶之源，道之始”的“根”，是宁洱作为普洱茶之都的起点和基石。

毓灵雄峻的普洱山，巍然横卧在普洱古府城——宁洱县城的西部，又称天壁山，西门岩子。此山自古山峰竞秀，四季松柏叠翠，洞府深幽神秘，奇石错落有致。每至冬春二季，普洱山上流烟弥霖，云海浩瀚，曙光初照，峭岩绝壁处呈现飞霞焕彩、璀璨生辉的瑰丽景象，山顶处的“仙人洞”烟岚弥漫，袅袅的烟云像轻盈的水流在左右两个洞口间轻灵流动回环，飞烟出岫，变幻莫测，蔚为奇观，犹如一方人间仙境。山中有“天壁晓霞”和“仙洞春云”两道绝美景观，山下东西两面山脚有地下泉自沙眼喷涌成潭，形成三个天然湖，称公母龙潭和西门龙潭，水质甘洁莹澈，源丰流溢，惠益周围生灵。公母龙潭畔有深幽神秘的太乙洞和龙洞，属典型的喀斯特溶洞，洞内景致鬼斧神工，神韵天成，洞外曳竹摇柳，小山舒曼逶迤，远处群山环抱中，对面的龙潭坝子桑田阡陌，农舍井然，鸡犬相闻，所处地势风景优美，如诗如画，俨然一副世外桃源图。“一峰飘渺处，春晓气初薰。壁耸擎天柱，红飞捧日云。林藏莺语滑，花衬马蹄芬。仙子披霞服，晨游玉佩闻”，清代普洱知县单乾元以诗意的情怀描述了普洱山俊逸美好的景致。

清代普洱府儒生许延勋有诗云：“山川有灵气盘郁，不钟于人即于物”，普洱山神奇灵秀，采集大自然灵沁之气，蕴孕出了世间灵物——“众茶之冠”普洱茶。

据清朝康熙年间章覆成主编的《元江府志》中记载：“普洱茶，出普洱山，性温和，异于他产，喜爱者众，道府官员用以做贡。”又有民国·臧励龢所著的《中国古今地名大辞典》记载：“普洱山地名，宁洱县境，产茶，名普洱茶，清时普洱府以是得名。”由此，我们追溯历史的脉络可以得知，先有普洱山，再有普洱茶，后才有普洱府。

普洱山是有灵性，有记忆的，它以神秘雄浑的巍然风姿，横卧在古老苍茫的历史书卷中，在古代或是近、现代人的画笔下、镜头中巍峨宏拓，它在岁月无声的胶卷中俯瞰宁洱——水湾寨，这个蛮荒小城演绎了千年风云，蜕变为茶事兴旺、商贾云集、会馆林立、文化昌盛的普洱茶生产、加工、贸易中心，它在历史苍莽更迭的镜头中见证了普洱古府城、普洱茶的兴衰起落，浮沉跌宕。

普洱茶携着高原的高山，峡谷，森林，清风，阳光，山泉特有的清越香气，从毓灵雄峻、偏居一隅的普洱山，以庄严而又诗意的步履，穿越时间与空间的苍茫延伸，走向大江南北，走向世界各地，成为不能复制的、具有神奇地域传统特色的历史名茶。每当我们沉浸在那沁人心脾的普洱茶香中，在一杯杯色泽明亮的宝石红、玛瑙红、夕阳红的普洱茶汤的滋润里，怡然享受着眼前静谧或优雅的光阴，总会遥遥牵想到普洱茶的胞衣之地、根植之地、得名之地——普洱山。

普洱山是一个传说，是一座充满灵性的山，一座真正与天地相融、与大自然、与普洱茶发展轨迹相通的灵山。它是普洱茶的神山、圣山，是每一个朝圣者的心灵圣地，普洱茶的根植于斯，魂归于斯。

它巍然屹立于宁洱县城西侧，犹如一座浑然天成的巨大霸气屏风。遥望普洱山，你会发现其实普洱山就是一尊仰天长卧的佛，你甚至能看到它高耸入云的“佛首”梳理着绵密的海螺髻，双目微闭，下颌丰盈，安然祥和。站在普洱山下，举目仰望，“佛首”峰下的绝壁之上，一些灵性的草木自然演绎出了一个清晰的古隶体书的“茶”字，那遒劲的笔画紧贴着峭壁生长，苍翠的绿色点染着它生动神秘的神韵。这个在绝壁上衍生的巨大的“茶”字，是普洱山所创造的一个有质感、有生命、有昭示的奇迹，它是一种无法错认的灵光、无法抗拒的禅意。它根扎入峭壁，叶漫过时空，周身散发着高标远举的仙灵之气，让人心生缅怀、心生追忆，更让人心生顿悟：普洱山演绎着一个千年的传奇，在“茶之源，道之始”的这块灵性土壤上萌芽、延续、繁盛，在普洱茶都宁洱历史的天宇下，才能产生这样的神来之笔，若非宇宙间的元素与历史的土壤相融相契相合，绝不会孕育出如此神秘的奇迹。

关于普洱山石壁上的这个浑然天成的“茶” 字，在宁洱，流传着一个充满神秘和佛性意味的传说。

传说普洱山下的水湾寨，竹屋篱院，田肥水美，人们依山而居，靠耕田种地和打猎为生。有一年，水湾寨人突染瘟病，得病之人肚胀如鼓，饮食不进，药石无效，许多人被病痛折磨得痛苦不堪，骨瘦如柴。

寨中有个少年叫阿濮，从小聪敏灵慧，胆识过人，喜欢到富有灵气的普洱山上探寻奇花异草、珍禽名木。阿濮看着乡亲们被病痛折磨，整个寨子乌烟瘴气，他决定登上普洱山，为乡亲们寻找治病的灵药。

普洱山上奇石林立，险峻陡峭，树木在岩石间繁盛生长。阿濮在岩石峭壁间、古木古藤上攀爬寻找，不慎从攀爬的岩石上失足跌下，失去了知觉。

❶普洱山“茶”字印远景
❷普洱山“茶”字印近景

恍惚中，阿濮看见一白衣女子飘袂而来，将手中热汤喂他喝下，阿濮先觉得喉舌间先苦涩而后甘甜，继而唇齿弥香，满口生津，胸腹间一团热气滚动回环，浑身重新集聚了力量。他睁开眼睛，看清眼前是一头浑身雪白的灵鹿，嘴中衔着几株绿叶。阿濮明白是充满灵性的白鹿救了自己，便请求白鹿带自己寻找灵药解救乡亲们。通灵的白鹿把绿叶放在阿濮的身上，三步一回头地往前走，阿濮跟在白鹿身后来到普洱山山顶，只见此地处于参天古木围绕之中，以平缓之势逶迤铺展数十亩，中有清莹碧澈的水潭，潭中之水自潭底盈盈而出，潭边点点兰花仙草，灵鸟鸣啭，西侧一洞府，左右两个洞口仙云腾绕流逸，如临仙境。

阿濮跟随白鹿来到一片翠绿欲滴的树木下，发现这树木上的绿叶乃是刚才白鹿口中所衔之物，于是就摘了满满一口袋树叶和树上的果实，拜别白鹿，赶回了寨子。阿濮将所采绿叶烹熬成汤让染上瘟病的乡亲们服下。一顿饭工夫，染病之人肠胃蠕动鸣叫，几天之后胸腹鼓胀渐消，病症慢慢消除，一个个康复如初。

瘟病消失了，水湾寨的百姓得救了。阿濮把在普洱山上白鹿引路找到仙药的奇遇告诉了父亲老濮，老濮沉吟片刻说道："孩子，这是灵鹿来报恩了啊！"接着，他给儿子讲述了一个故事。

那是寨主老濮年少的时候，一年冬至的午后，寨子里突然闯进来一头白鹿，这头白鹿腿部受了很严重的伤，看得出是被猛兽所伤。

在普洱山最高的顶峰上，每年都会长出一棵仙草，每年冬至，一只老虎会准时从南方德化方向来到普洱山山顶吞吃这颗仙草。水湾寨子有经验的猎人根据白鹿腿上的伤势和抓痕判断，这头白鹿正是被凶悍的老虎所伤。

水湾寨的百姓把白鹿抬回寨子里精心治疗护理，不久，白鹿的伤痊愈，大家把白鹿放归普洱山，从此没再看到过白鹿的踪迹。这次寨子里的百姓遭受怪病折磨，生命垂危，灵鹿及时现身显灵，引领阿濮寻到灵药救了大家。

水湾寨的百姓感念白鹿救命之恩，更感谢普洱山孕育了如此神奇的灵药，从此更加爱护怜悯大自然中的草木、生物，更加敬畏和膜拜神奇的普洱山。

人们把阿濮从普洱山上带回来的果子种在了寨子周围，在水湾寨丰润的水土滋养下，种子不久抽出了新芽，经过几年的精心培植引种，这种神奇的植物枝繁叶茂，布满了山坡，水湾寨百姓靠它解滞除污，强健身体，解除病痛。

普洱山孕育的这一神奇植物给一方百姓带来了福祉和康乐，他们不敢随意给这种植物命名，决定祈求普洱山和灵鹿赐予这一植物的名称，于是在水湾寨开阔之地设案焚香，虔诚跪拜。心诚通灵，

第二年开春，人们不经意间抬头，发现普洱山最高峰下的绝壁上出现了一个清晰的“茶”字，这个茶字古朴遒劲，惟妙惟肖，由一些碧绿草木天然生就，在山腰绝壁上大气伸展，透着佛性和禅意。聪明的水湾人领悟了大自然的妙意，从此将这种神奇的植物称为“茶”，后因此物是普洱山的惠馈，遂命名为“普洱茶”。

普洱茶自此在水湾寨落户安家，开枝散叶。质朴豁达的水湾寨人将茶苗、茶籽慷慨赠予周边寨子的百姓，一传十十传百，不久，周围农家园旁，寨子周边，山腰缓坡，到处可

普洱山古茶

见茶树绿意盎然的身影，普洱茶层层的绿意就与周边层层叠叠的群山融镶在了一起。

至今，宁洱县城西北角回族村的马文彪家、西南角大山头一个农户家的庭院中，仍分别挺立着一棵600余年树龄的老古茶树，五六十厘米的树围，郁郁苍苍的树冠，置身树下，有时光交错的恍惚，那古老拙曲的枝干仿佛穿越悠悠的时空走廊，在向世人讲述着关于普洱茶的古老故事，印证着关于普洱山的那一个个美丽的古老传说。

民间传说与历史记载脉络相承。清人赵学敏在《本草纲目拾遗》中记载："普洱茶，出云南普洱府"。清人阮福在《普洱茶记》中写道："普洱古属银生府，则西番之用普茶、已自唐时"；明万历年间谢兆淛在《滇略》中记载："士庶所用，皆普茶也，蒸而成团。"这些文字不仅定义了普洱茶的出处、得名，还记述了普洱茶的制作、形状及影响。

据《茶王赋》记载：普洱茶曾经有两大产地，其中一大产地就是宁洱县，而宁洱县的茶又首推普洱山。其山之茶清代道、府官员用以入贡，邑人曾在此立碑，碑文记述此山贡茶累膺，圣恩褒奖，称之为"众茶之冠"。

我们不仅可以从浪漫的神话传说中遥想普洱茶的来源、发展，更可以从历史的脉络中印证一个事实：古有普洱山，山上产茶，得其普洱茶之名。其山所产之茶品质优良，茶性温厚，茶味醇香甘甜，生津回味悠远，优异于其他地方所产之茶，广受欢迎和喜爱，普洱——水湾寨，逐渐形成商贾云集的普洱茶加工、交易的中心。也正是普洱茶和磨黑盐、石膏井盐的兴盛，清政府于雍正七年（1729年）正式设置普洱府，从此普洱成为一片以茶叶命名的大地。普洱茶因地而得名，普洱府又因普洱茶而名扬天下。由此可以得出：宁洱——水湾（古普洱府所在地），是普洱茶最早的原产地、得名地，同时还是普洱茶的加工、集散中心。而普洱山，正是普洱茶的胞衣之地。

古茶园树

如今，普洱山上仍残留着一些行将衰朽的树桩。你若有心探访这些历经沧桑的老茶树桩，钻过层层叠叠的柏树、樟树，穿过绯红花枝的野樱桃林，拨开摇曳着白花的芦苇，来到“老茶地头”，你一定能够寻见，几截老茶树桩就静处于林地一隅，甚至还有几棵正努力地舒枝展叶呢！这些劫后余生的老茶树桩零星地点缀在一片草莽之中，它们将不死的灵魂附着在普洱山的山筋地骨里，将不朽的根扎进自己的胞衣之地，只要一息尚存，它们便会在这无尽的期待中延续着自己亘古不变的余香，向世人讲述着曾经的繁华与沧桑。

此刻，你一定会在心中珍存起这古老树桩上绽放的那一抹绿韵，体味着它生生不息的坚韧与追求，在氤氲舒展的山岚中迈着悠悠的步伐前行，人在山中走，思随史册飞，头顶的蓝天白云、远处的万仞山群、眼前的古树新芽，山下是正在崛起的崭新家园，这些弥足珍贵的精华元素，如魔法师一样演绎

着普洱山的万种风情。于是，我们把由衷的赞美，把无限的爱意，把源自内心的感恩一并献给了普洱山，献给了眼前的一抹新绿。

在普洱茶经历的兴盛与衰落中，在古普洱府城过往的热闹与清冷中，在普洱茶“原产地”的争议和喧嚣中，作为普洱茶“胞衣之地、发源之地”的普洱山，就像一位高贵的隐士，周身散发着大隐于市的超凡气度，巍然屹立，卧看世间云卷云舒花开花落。它是落拓的隐士，用自己尘封的沧桑和无言的过去守望着大山里的生命和蓝天，正如它孕育而出的普洱老茶，在胸怀里揣着皓皓明月般沉静深厚的淡定安然，千年的卓尔风姿，在世人心中铸就独一无二的亘古韵味。

普洱茶制作

皇家茶园·困鹿山

宁洱的每一座山，都蕴藏着属于自己的传奇和故事。这些故事都与普洱茶事的兴衰连在一起，讲述着宁洱如歌的岁月，吟诵着普洱茶兴衰的史诗，构筑成了一道道五色斑斓的普洱茶文化长廊。

走进困鹿山，犹如踏进了一卷绿意盎然、深博渊远的历史画卷。在这里，历史的书卷有声，有色，有情，有味。

困鹿山，清代皇家贡茶园，是无量山的一支余脉，隶属于云南省普洱市宁洱哈尼族彝族自治县宁洱镇宽宏村委会困鹿山自然村，位于宁洱县城北面 30 余公里处，海拔 1410~2271 米之间，中心地段南北延伸十几里，东西宽数里。困鹿山生长着万亩野生古茶林，总面积达 10122 亩，属较完好的原始茶树林群落。山中峰峦叠翠，云遮雾罩，古木峥嵘，苍藤缠绕，灌木交错，溪流潺潺，所产茶叶清香可口，是普洱茶中的一秀，历来是贡茶的首选。宁洱镇宽宏村的困鹿山境内有 1939 亩，属半栽培型茶树群落与阔叶林混生形成的原始森林，是保留最为完好的普洱茶皇家古茶园，同时也是品质最好的普洱茶皇家古茶园。

困鹿山种茶、制茶历史悠久，茶树资源深厚，种类齐全，拥有上千年上万亩古茶园，可谓茶之自然博物馆，是云南省距离昆明最近、交通最便利、古茶树最密集、种类最丰富、周围植被最好且有史料记载、知名度最高的皇家贡茶古茶园。困鹿山古茶园中散落着千年以上的野生型、过渡型、栽培型大、中、小叶种古茶树群落。其中，在海拔 1900 米的困鹿山寨栽培型皇家古茶园内，目前尚有四五百余年树龄栽培型古茶树 500 余棵，古茶树历经沧桑，傲然挺拔，年年吐新蕊，其树龄久远，香型独特，茶香清雅、高锐、持久、韵长。茶汤入口生津迅速，回甘直接持久，口感香、甘、甜相混而生，丰富沉厚，余味隽永，喉韵甘润持久，气蕴上扬而沉实。在云南诸多茶区中，困鹿山古树茶能称得上一个“雅”字，无愧皇家茶园称号而问鼎世界普洱茶界。

置身困鹿山农家吊脚木楼，一窗开阔绵延的绿色在眼前逶迤弛展。木楼脚下，是那一园相伴茶农百年炊烟、静谧生长的古贡茶树。回头仰望，是隐藏在山顶莽莽原始森林里的万亩千年古茶园。此刻，数千年的时光从心里流淌而过，不由得从心底萌生想要拥抱那苍莽、那深阔、那博大的感动。

坐在吊脚木楼凭窗的木桌前，主人家抓把困鹿山古树茶，在粗制的土罐里就着火塘的火苗烤出香气，加注从山中引来的清泉水，待茶罐中的水“咕噜咕噜”涨开片刻，便端起土罐直接送到木桌之上，一盏琥珀色的茶汤倾倒在古色古香的粗瓷碗中，就着窗外莽远翠绿的山色举盏品饮。就在不经意间，一盏困鹿山古树茶，把古老的莽莽原始森林中特有的浩荡香气递送到唇齿之间，漫山遍野的清新灵动沁入心脾肺腑深处，你仿佛嗅觉山峦间山风吹过森林的清香，看见溪水在深谷幽涧间的潺潺奔流，听见藤萝古木间鸟雀的鸣叫，内心似乎有一帘绵延的山色被推开了窗户，荡漾着清新迷人的山香。置身于困鹿山古树茶悠远清越的香气中，仿佛在不期然间打开了混沌的味觉和意觉。那是灵性的人与灵性的山、灵性的山与灵性的茶在此刻的蓦然相逢，是大自然中一种缘分的际遇，是一种

张国立认养的古茶树

美好的、自在的、难以言喻的身心愉悦。此时，人与山之间，人与茶之间，已然相通相融、物我两忘。

为了切身感受困鹿山皇家古茶园的广博宏大，我们决定登上困鹿山顶去探寻其深莽而诱人的神秘。

山脚下，远远望去，困鹿山顶深厚浩瀚的林海间逶迤着

轻若蝉翼的淡蓝色雾霭，那起伏的青黛色如此厚重，如此深邃，在岁月的苍茫变迁中，千百年的青山不老，绿海不倦，这期间，又隐藏了多少生生不息的神秘经纬？独有的气候环境、土壤结构造就了困鹿山古树茶清越大气的独特口感和香气。念及此，不由得让立在山下仰望的人，对面前的这座大山油然生起敬畏和膜拜之情。

我们以顶膜之姿去行走这座大山，两边山体绿色植物覆盖，路旁的绿树灌木渐渐浓郁茂密起来，我们向着那茂密幽深的原始森林深处进发。沿山脊前行，连绵的山峰交相叠翠，羊肠小道蜿蜒崎岖，没入林莽深处，如一幅幅苍劲拙朴的泼墨画卷扑面而来。不远处，从山谷中流淌而出，依山体走势潺潺流动的山涧，清澈的溪流在苍木掩映下忽隐忽现，巨大的朽木横亘其间，形成了这箐涧天然的独木桥，踩在巨木上摇摇晃晃走过溪涧。溪涧深处，山谷流水和深山鸟鸣奏响奇妙的天籁，绽放奇香的麦兰零散地随性而开，清逸的山海棠，竟然还吐着几枚清艳含娇的淡淡花瓣，一方远离俗世喧嚣的净土，一个静谧安宁的处所，疲惫骚动的心会在瞬间安静下来。

此刻，天空突然细雨如霏，原来是蓝色的雾霭，不知何时就笼罩了我们头顶的林莽，仿佛飘逸轻柔的纱巾，飘然而下，落在视野中。

再往前走，远处的林莽间、树梢间的山雾一泻而来，大雾是浓郁的、是奔腾的，随着山风，夹着冷雨，落入山路的四周，裹着在雾中奔腾欢笑的我们，这奇妙绝美的景致让我们忘却了寒冷，呐喊着、狂奔着，想要把此刻的震撼和激动融进这茫茫大山的怀抱中。

山路越来越陡峭难行，随处可见成片的朴素的山花，我们贴着山壁缓慢地前行。随着海拔的上升，树木由阔叶林向针叶林过渡。

困鹿山古茶园

前边是雾锁林荫景致，四周的山林如刀削斧劈，我们被密不透风的林莽团团围住，人就像井底之蛙，这时再次深刻感受到人在大自然中的渺小。

沿着长长的山路不断前行，终于到达目的地，只见莽林深处，巨木耸立，蔓藤缠绕，苍绿的树苔覆盖在大树的枝干上。此刻云开雾散，太阳出来了。阳光透过翠绿的树叶照进湿润的空气里。走到一处地势相对平缓之地，我正左顾右盼寻找着想象中的古茶树群，向导把我们引到了一棵遒劲峥嵘的大树下，给我们介绍这就是经台湾著名资深茶商黄传芳先生牵线搭桥，被著名演员张国立先生出资认养的大茶树。这是困鹿山的三号大茶树，胸径 2.53 米，树高 25 米左右，树龄在 1900 年左右，是目前发现的株型较为完好的、最大的栽培型古茶树。

我轻轻抚摸着古茶树布满绿苔的嶙峋枝干，感觉流年的时光在我的指尖缓缓流过。时光仿佛重新跌进亘古的寂静中，我在这巨大的古茶树下，举饮一盏清越醇香的山风，醉在困鹿山浑厚的怀抱中，却又醒在心灵舒放的时空长廊，在这场沉醉和舒醒之间，注定了我与困鹿山、与古茶树从此结下相通相融的缘分，在疏旷和激越中共同守望现实和梦想！困鹿山古树茶的记忆，困鹿山皇家古茶园的味道，从此成就了镌刻在灵魂深处一次淡泊与深刻交织的邂逅。正是“一杯春露暂留客，两腋清风几欲仙”。

1

2

这片古茶树林中大概有 1100 余棵古茶树，树龄均在数百年，甚至千年以上。古茶树之间株行距有序，在向导的指点下，我们发现多数古茶树上有人工操作痕迹，树桩均为再生型。仔细寻找，地上还隐约可见人工支砌石脚的痕迹，证实我们的祖先曾在困鹿山的密林中驯化、栽培过这群古茶树。

据考证，困鹿山皇家古茶园被清政府定为皇家御用茶园已有 280 余年的历史（清雍正七年，即 1729 年始）。当年，云南总督鄂尔泰在普洱府宁洱镇建立了贡茶茶厂，在宁洱历史上铭刻下2000多年的皇家制茶史。每到春天，官府都要派清兵驻守困鹿山，监督春茶的采摘、制作，精选最好的春芽女儿茶，精制成团、条、砖和茶膏，运抵京城，进贡朝廷，普通官员、百姓根本喝不到产自困鹿山的春茶。"普洱茶名遍天下，味最酽，京师尤重之"，宫廷中盛行"夏喝龙井冬饮普洱"。困鹿山古树茶是皇帝钦点的贡茶品种，困鹿山古茶园就是皇家御用茶园。

历史上，关于困鹿山古茶园一直是秘而不宣、鲜为人知的。一方面是因困鹿山生产贡茶很少，根本满足不了皇宫贵族的需要，宣扬出去，势必引发关注，更加难保供给。另一方面，是皇家贡品采摘、制作的庄严性、安全性和保密性，不允许大肆宣扬。因此自然不见诸史籍，以至于我们今天很难寻觅到关于困鹿山皇家贡茶的记载，这片古茶园也因此给世人增添了神秘的色彩。

然而历史的痕迹总是可以寻觅的，在充满神秘传奇的困鹿山上，至今仍遗留着当年清军驻扎的驿所房屋的遗址和痕迹，这也充分显示了当时困鹿山贡茶园极其重要的地位。

困鹿山上有个地方叫秤杆梁子，据老人们讲，那就是当年清军监制这一茶区贡茶的住所所在。从房子的建筑结构和装修的精致用心程度来看，该住所在当时来说气势非凡，花雕石柱脚，石鼓装修台阶，从今天遗留的残垣断壁中，我们仍依稀可以感受当年该房屋的庄严威武气势。

在秤杆梁子旁侧，至今仍有一石柱，当地人亦称为古刑场。据说古刑场立于明代，因当时困鹿山出产人头茶，而人头茶极其珍贵，为禁止私贩，对茶叶的采摘、制作、收集均管制极严。当时处罚贩茶者的标准，依所私贩人头茶的重量来进行衡量，对严重违反禁令的贩卖茶者，一律斩无赦，对意欲图谋私贩的人，起到威慑的作用。

据《普洱府贡茶》所述：明代开国之初，沿袭宋制设立茶马司。朝廷很重视茶马司，为加强边茶贸易，达到"以茶治夷"和"以茶易马"的政治目的，每年均派御史巡视茶马事宜。当时地方官府巡官查隘，防范极严。尽管如此，不少人还是贪图以茶易马的厚利，偷偷贩卖私茶，且此等

古茶树

风气愈演愈烈。

洪武三十年（1397 年），朱元璋为厉行禁止贩卖私茶的现象，颁布律令规定：对偷运私茶出境者，一律以死罪论处。

一年，正值普洱人头茶进贡朝廷之际，有官员为讨好朱元璋的女婿欧阳伦，把人头茶作为礼物，送给欧阳伦。恰逢欧阳伦奉命出使西域，临走时偷偷随身携带了一批私茶，其中包括人头茶数十个。驸马爷自恃身份特殊，以身试法，企图违反禁令贩卖茶叶，牟取暴利，后被人举报而遭查处。朱元璋得知驸马所贩茶叶中竟有数十个人头茶，大怒："尔头不如茶头也！不杀一儆百，怎能遏制贩运私茶猖獗之势？！"于是下诏，赐死驸马欧阳伦。陕西布政官吏对欧阳伦贩运私茶知情不报，也遭斩首示众。

如今，在困鹿山东南西北的一些隘口、岔道，官府屯兵的遗迹还依稀可见。在困鹿山所属地宽宏村周边，还有保存完好的茶马古道及久经岁月侵蚀的风雨房桥、拱桥，青石板上的马蹄印，风雨桥上的木栅栏，至今仍在岁月的年轮中向世人讲述着那一段撰刻在青山碧水间的青褐色回忆。

在困鹿山脚，有一个静谧古远的村庄——宽宏，一个浸泡在普洱茶香中的村庄，蕴含和承载着历史韵味，默默见证着困鹿山皇家古茶园、见证着贡茶制作技艺传承。它坐落在呈马蹄形的神秘的困鹿山环抱中，居住着 200 多户人家，哈尼族、彝族、汉族混杂而居，清一色瓦顶屋的传统民居，在透明而质感的阳光下显得宁静、古朴而神秘，斑驳厚重的土坯墙呈现着岁月的痕迹。它把岁月流年的斑驳痕迹隐藏进了寻常百姓的生息起居中，任时光之河静静地从老屋院脚不动声色地流逝，在这里，我们无法分辨历史与现实的轮回。

村里有一所始建于 1902 年的小学校，名为宽宏小学。19 世纪末 20 世纪初，这穷乡僻壤边陲之地，何以能兴办新学，又何以能百年不衰？当地有"以茶养校"的传统。据传，唐代普洱属银生府（今景东）管辖。有一李姓的江苏籍府官酷爱茶叶，他卸任后即隐居于困鹿山，种茶养老。其后人一直承袭祖先种茶的习惯，并重儒学。1902 年，李氏后裔李铭仁率先捐资，并发动乡绅百姓捐资筹款，兴建宽宏小学。此后，宽宏小学书声琅琅，茶事不绝。1924 年李铭仁辞世后，人们将他葬在学校后山，其墓

碑记载了宽宏和困鹿山种茶的历史和“以茶养校，以茶育人”的传统文化习俗。

走进宽宏村，寨中的房前屋后，田边地角，随处可见百年以上的古茶树。宽宏人男女老少与茶不分离，俗雅并存。忙时俗，大壶、（大锅）大碗茶；闲时雅，小壶、小杯茶。在大榕树清凉的绿荫下，在吊脚楼悠扬的山风里，在土掌房温暖的火塘边，用宽宏村甘甜的清泉水冲泡一壶宽宏老茶，冲泡出宽宏人悠悠的生活茶态。

在岁月茶香里，村里有了许多高龄老人，他们耳聪目明，思维清晰，身体健朗，勤于劳作。与年轻人谈笑风生，在喜宴节日庆典里，翁孺一起载歌载舞，举茶相欢，其乐融融。有百岁老人，甚至还能精刀细刻，制作木甑、木桶，而且手艺精良细致，让人钦佩。我想，这健康长寿的秘诀，与宽宏得天独厚的环境和气候条件分不开，更与长年饮用困鹿山古树茶，与宽宏村开明、豁达、乐观的人文风气分不开。

用心去触摸，宽宏村境内千年的古茶园，供奉神农祖师的“水阁”遗址，人工栽培型的皇家贡茶园，农家遗存的“双喜”贡茶制作模具，胸围达12米的参天古榕树，古军事跑马射箭场遗址，杜文秀义军住过的古屋，古法场遗址，风雨古桥，百年老校，古茶园畔长眠的李铭仁“贡爷”，思普地区红色文化史迹……这个村庄在历史的长河里，上演过太多悲壮曲折的故事。

这里高悬崖顶的瀑布，红豆树、野生黄果树，2月才开的樱花树；这里的独水井、大龙潭、雷打石，每一处景致都有一个神奇的传说。阳春三月，漫山遍野山花烂漫，小鸟欢歌，人茶相依的景致，千年不变的炊烟袅袅，可谓集人、文、景于一体的世外桃源，可探险，也是健身旅游、休闲度假的好地方。台湾摄影大师徐大均称宽宏是普洱的“香格里拉”，似《桃花源记》中的“桃花源”，风光秀丽，古朴恬静。

困鹿山采古茶

秘境茶林·板山

板山，清代最早的贡茶产地和皇家茶园。这里的哈尼族世代种植茶叶，视普洱茶为神物，虔诚膜拜。

板山，传颂着白鹇鸟衔来茶叶救活昏倒的哈尼老人，哈尼老人为了感激白鹇鸟，用茶叶做成鸟翅，模仿白鹇鸟跳起祭奠茶树的舞蹈的传说。神秘的茶王树传说、瑶族结群而居的遗址、惨烈的茶农大起义与板山茶农南迁，板山原生态的哈尼族文化，以及当今的万亩茶园，无不喻示着板山是茶神居住的地方，是茶人向往的圣地，是人类最后的秘境。

板山茶园自清朝早期就是有名的皇家贡茶园。位于宁洱县勐先镇境内，北纬 21~24 度之间，平均海拔 1663 米。这是一片北回归线上的森林地带，常年云雾缭绕，山上生长着各种珍贵的木材，奇花异草，森林茂盛深幽，林中栖息着黑熊、野猪、豹子、麂子、马鹿、山狸、白鹇、画眉等飞禽走兽。

在小板山的最高峰上，生长着一棵老茶树，树身粗得要 5 个人手拉手才围得过来。高 50 余米，枝叶茂盛，遮天蔽日，树干和枝

板山古茶树

丫上长满了树花和寄生草，藤蔓缠绕，披丝挂绿，极为壮观，这就是当地百姓口口相传的普洱“茶王树”。

然而，“茶王树”极富神秘色彩，唯有缘之人方能寻见，一睹风采。如果机缘不合，即使请当地最熟悉板山山形的人做向导引路，寻遍坡林坳箐，也往往是乘兴而来，惆怅而归。在寻找“茶王树”的过程中，留下了许多富有传奇色彩的故事。曾有人在幽深的原始密林中寻找到茶王树，并在发现茶王树的地方和沿路做下了标记。但第二天带着寻访“茶王树”的人到做下标记的地方时，标记过的痕迹仍在，却不见了茶王树，神秘莫测，令人惊疑万分。

这罩着一层神秘面纱的“茶王树”，把神秘的板山演绎得更加灵性生动。茶王树的故事从原始密林里走了出来，并以一种茶神信仰的方式贮存于每一个板山人心头，贮存于每一个爱茶人的心头。仰望板山密林，不由得让人由心底升起一种神秘的敬畏。

祭祀茶神是板山哈尼族人一项神圣隆重的盛事。

我有幸亲自参与了在板山“茶山箐头”举行的一场古朴古风的“祭祀茶树”礼俗。

立春过后，茶树慢慢冒出新芽，采茶的季节又要到了。哈尼族的老人们开始准备祭茶树神。参与祭祀茶树王的各色人排着长长的队伍，从板山茶厂出发，路途中穿过一片片原始森林，一片遍布着古茶树的森林。在这深幽的原始密林中，只见一棵棵高大挺拔的古茶树，与被称为“植物活化石”的桫椤树相伴而生，大茶树卓然而立，枝干遒劲，绿叶纷披。拖得很长的唢呐声，浑厚、震撼，穿透了密林，在蓝天下、在空谷中起伏流淌。

大茶树前，摩批（祭司）抱着大红公鸡肃穆站立。一曲嘹亮的唢呐后，祭司用哈尼语唱吟起来。他一边绕着那棵最粗壮、最古老的大茶树唱着祭茶歌，一边用大红公鸡

血溅祭台，鸡毛和鸡血涂抹在树干上。接着，祭司再度放声长吟，那苍老的吟唱拖着长长的尾音，洞穿人的心扉。参与祭祀的人们全都神情肃穆，用心聆听着祭司的吟唱，那空灵莫测的音节，包含着对自然最为诚挚的敬畏和感恩，气氛神圣而庄严，每一个人都在祭司发自胸腔的吟唱中得到了心灵的洗礼。

祭司的吟唱刚刚结束，唢呐声又响了起来。祭司点燃香火、纸钱，斟满米酒，并将它们一一置于祭台之上，虔诚地三叩拜后又闭目喃喃低语起来。此时，盛装的哈尼妇女排成一字放开歌喉：

> 呃塞——
> 在天地开花结籽的茶树阿布（阿爷或老爹）哟
> 是你养育了哈尼九十九代亲亲的子孙
> ……

哈尼人原本就是信奉万物有灵的，在他们的意识里，即使是一介草木，也能与人通灵。妇女们在歌中，赞美鲜嫩的茶叶是绿色的金子，给哈尼人带来了富庶的生活；赞美高大的茶树是天神派来的阿布，让哈尼子孙受到恩泽。天籁般的歌声在茶林中飘散开来，向茶树阿布传递着虔诚的感恩之情以及对未来日子的美好期盼。

据传，祭拜“茶神”茶树王的习俗，自明清时期便流传下来，一直沿袭至今。那些迁徙江城、西双版纳等地的哈尼、彝、瑶、布朗等少数民族，每年的春季均按传统习俗，背上祭品、跋山涉水、不畏艰辛，前来普洱勐先板山的原始密林中，虔诚地跪在茶王树下的拜台上朝拜“茶神”。然后在大茶树上采摘一些散发清香味的清茶作为“朝拜”的上品礼物带回去。如能够亲自参与板山“茶山箐头”举行的一场古风“祭

祭茶祖

祀茶神”的礼俗，会是每一个期盼朝圣自然的人的人生幸事。

走进板山，只要与人讲起茶，茶农们都会很自豪地给你讲述开辟茶园艰辛创业的故事，讲述在茶山上洒下的汗水、心血，讲述热忱的茶人、茶农的故事，讲述每一片茶园、每一棵茶树生长的故事。

站在成片成片呈绿梯状蜿蜒的茶山上，正如融进了茶的海洋，蜂拥而至的茶色碧波万顷般荡漾，这绿色的海洋，让人的旷神怡，诗情豪放。仰望山巅的茶树，被过往的云彩抚摸。这时候，有轻透温润的风从发梢、眉间吹过，我听见茶叶窃窃生长的声音，幻化成自然的怀抱流淌而出的音乐，妙不可言。

岁月沉香普洱茶

普洱茶吸取了森林、峡谷、河流的灵性，以其醇、厚、甘、润的特质享誉世界，世人奉为“茶中经典”“可以喝的古董”。它凭借醇厚独绝的内质、愈陈愈香的魅力，赢得了从皇宫贵族到布衣百姓，从国人到世界人民的喜爱，浓淡相宜，雅俗共赏，禀赋优渥，韵味悠远宏长。普洱茶从蛮荒走向宫廷，又从宫廷回到民间，这是个轮回，也是个隐喻，在这个轮回和隐喻间，时代的主题历经了多少沧海桑田的变迁。

中国第一历史档案馆保存的乾隆皇帝御作中，一首《烹雪用前韵》，将盛世天朝的乾隆皇帝对普洱茶的情有独钟表达得惟妙惟肖，将普洱茶推向了茶中至尊的宝座。此诗共 20 句，不仅写出了当时宫中用雪烹煮普洱茶的全过程，更将乾隆帝对普洱茶的钟爱表达得淋漓尽致。诗中云：“独有普洱号刚坚，清标未足夸雀舌。点成一碗金茎露，品泉陆羽应惭拙。”生动描述了普洱茶清冽醇远的香味、金黄红亮的汤色。乾隆帝在对普洱茶拍案叫绝的同时，调侃被称为茶圣的陆羽，应该为疏漏了对普洱茶的品鉴和发现而感到惭愧。

乾隆五十七年（1792 年），英国国王派马戛尔尼勋爵为首的觐见团一行 95 人前来祝贺乾隆帝 80 大寿。作为礼节，乾隆帝 3 次回赠了英国国王乔治三世礼物，其中，普洱茶共计 88 团、普洱茶膏共计 14 盒。

沈义羚《宫女谈往录》中记载了曾经伺候慈禧太后日常生活八

工艺茶

年之久的回忆："老太后进屋刚坐在条山炕东边，就要敬茶的先奉上一杯普洱茶……"曹雪芹的《红楼梦》第六十三回 "寿怡红群芳开夜宴 死金丹独艳理亲丧"中亦写到宝玉、袭人、晴雯等人夜沏普洱茶中的女儿茶喝，暖身子、助消化的场景；末代皇帝爱新觉罗·溥仪曾对老舍先生说："每年龙井、普洱府贡茶我是照例要喝的。"

当时，喝普洱茶是皇室成员显贵的标志，"夏喝龙井，冬饮普洱"已成清朝宫廷的饮茶规范，成了上行下效的风尚。普洱茶还作为尊贵礼品钦赐给王公和有功之臣或友邦帝王显贵，以显皇恩和帮邻友好。而在坊间，普洱茶也深受欢迎和喜爱，《滇略》有记载："士庶所用，皆普茶也。"正因为普洱茶名遍天下，清人阮福的《普洱茶记》才应运而生。普洱茶甚至走进了托尔斯泰的世界名著《战争与和平》中的故事情节中，其在中国历史乃至世界茶界的影响和地位由此可见一斑。因此才有"普洱茶名遍天下，味最酽，京师尤重之"的佳话。

从历史的脉络中我们亦不难发现，从两汉开始，普洱茶就已经跻身于典籍之中，随后也曾诗意地从三国、晋隋唐宋几代文本中穿行，虽然它留下的足迹何其轻盈，但仍旧为我们勾勒出了一条清晰的历史文脉。

就普洱茶而言，能够获得如此殊荣，能够伴随着岁月的流逝历久弥香，并非偶然。其醇厚悠远的香气、韵味悠长的回甘、红浓明亮的汤色、独特有益的功效，除了汲取天时地利的精华，其独特的制作、加工技艺对保留和成就以上特质至关重要。

关于普洱茶的制作加工，如今可考的早期文字记录见诸唐代樊绰咸通三年（862 年）在其所著的《蛮书》卷七中记载："茶出银生城界诸山，散收，无采造法。蒙舍蛮以椒、姜、桂和烹而饮之。"这段简短的文字，既明确记载了当时普洱茶主产地"银生城界诸山"（银生城指的是今景东县，后划入普洱府辖区），又记述了当时的采摘、制作工艺是"散收，无采造法"，"以椒、姜、桂和烹而饮之"。

随着普洱茶不断发展，普洱茶制作工艺也逐步成形、成熟。

光绪《普洱府志》卷十九"食货志"所载："普洱古属银生府，则西蕃之用普茶，已自唐代。"据此可知，普洱（今宁洱）古属云南银生府（而银生城后又归为普洱府），所产之茶在唐代时就已行销西藏，但尚无精制加工之法，是后来"普茶"的初期形态。

至明洪武十五年（1382 年），明朝平定云南后，派军戍边，并让中原、江南大批民户到边地屯垦，分为"军屯""民屯""商屯"三种，这些来自中原、江南的民户，给云南带来了中原地区先进的蒸青团茶制法。

明谢肇淛《滇略》记载："滇苦无茗，非其地不产也，土人不得采取制造之方，即成而不知烹沦之节，犹无茗也。昆明之太华，其雷声初动者，色香不下松萝，但揉不匀细耳。点苍感通寺之产过之，值亦不廉。士庶所用，皆普茶也，蒸而成团，沦作草气，差胜饮水耳。"从"士庶所用，皆普茶也"这短短八个字中，我们可以得知在明万历年间，"普茶"作为一种商品，已广为流通，被当时云南各阶层普遍接受，已经是一种畅销商品。"蒸而成团"四字则指出了当时普洱茶的加工形式有所改进，已由唐朝时期的"散收，无采制法"演变成了将鲜叶蒸揉后制为团茶形式，但制茶技术尚有

缺陷，被当时中原人士认为是“不得采取制造之方”“差胜饮水耳”。其后，清康熙三年（1664年）的方以智所撰的《物理小识》中记载：“普洱茶蒸之成团，西蕃市之。”此处已明确提出“普洱茶”之名，并指出普洱茶在当时已远销“西番”，制法为“蒸之成团”，而此时距清朝设普洱府尚有百年。其时普洱茶的制法参考了中原传入的较先进的蒸青团茶制法，已有所改进，但技术有待提高。

明朝初期，明太祖朱元璋厉行“茶马政策”，于洪武二十四年（1391年）下诏“废团茶，兴叶茶”，下令改革贡茶，“罢造龙团，惟采芽茶以进”。当时，中国境内各种茶叶均被改头换面，唯有生产在南方边陲地区的普洱茶，由于明朝政令鞭长莫及，仍保留团饼茶型。

至明末清初，西南各省屡遭兵燹战乱，清人挥兵南下平定三藩之乱后，重建统治秩序，恢复和发展原有的农业生产，又一次带来中原先进的制（炒）茶技术。

1644年清朝建立后，云南各地先后收归清政府统治，雍正四年（1726 年），清政府指派的云南总督鄂尔泰在云南推行“改土归流”政策，雍正七年（1729 年）设置普洱府治于宁洱，列普洱茶为贡茶，献于皇室，普洱茶进入了历史上的辉煌时期。

清朝以来，普洱茶进入一个历史的极盛期，普洱府贡茶属于皇帝钦点的贡茶，这一时期，也是普洱茶制作工艺与品种高速发展的时期。

清代张泓《滇南新语》（1755 年）载：“普茶珍品，有毛尖、芽茶、女儿之号。毛尖即雨前所采者，不作团，味淡香如荷，新色嫩绿可爱；芽茶较毛尖稍壮，采治成团，以二两四两为率，滇人重之；女儿茶亦芽茶之类，取于谷雨后，以一斤至十斤为一团，皆夷女采治，货银以积为奁资，故名。制抚例用三者充岁贡，其余粗普叶，皆散卖滇中。最粗者熬膏成饼摹印，备馈遗。而岁贡中亦有女儿茶膏。”又据赵学敏撰写的《本草纲目拾遗》中记载：“普洱茶成团，有大中小三种。大者一团五斤，如人头式，名人头茶；每年入贡，民间不易得也。有伪作者，名川茶，乃川省与滇交界处土人所造，其饼不坚，色亦黄，不如普洱茶清香独绝也。”

从诸多典籍记述中可以看出，这一时期，普洱茶从形状上可分为散茶、紧压茶、茶膏三种。当时的普洱茶中的极品分为嫩度极高的毛尖散茶、嫩芽制的二两、四两重的团形芽茶，还有跟芽茶相同嫩度的谷雨后采制的一斤至十斤一团的女儿茶三种。毛尖专制散茶，而芽茶、女儿茶做团茶，女儿茶中也有用品级较好的原料熬制的茶膏，作为贡茶花色中的一种，进贡于宫廷。而其他较粗老一些的茶叶，则分散于市面销售。最粗的老叶则用来熬制茶膏，做成绘有吉祥祝福字样的茶饼用以馈赠。

茶艺茶道

另类珍品·普洱茶膏

普洱茶膏，始于南唐，成于宋，兴于清，经过了漫长的演变过程，以其集茶之精华和携带、饮用方便等特点，成为普洱茶的另类传奇。

清赵学敏《本草纲目拾遗》载："黑如漆，醒酒第一，绿色者更佳，消食化痰，清胃生津，功力尤大也。"在其卷六《木部》又载："普洱茶膏能治百病，如肚胀、受寒，用姜汤发散，出汗即愈；口破喉颡，受热疼痛，用五分噙口，过夜即愈；受暑擦破皮血者，研敷立愈。"

茶膏，是普洱茶贡茶中的又一独特品种，它便于携带和饮用，是古代交通不便的条件下进行商贸活动的产物。茶膏的生产工艺，一是选料，选择开春时最好的青毛茶做原料，以保证贡茶的质量；二是清洗，洗去茶叶在运转中沾染的污物，表示对皇权的尊重，也体现出普洱制茶人的卫生习惯和严格的职业道德规范；第三道工序就是入水煎熬，让茶叶中的养料充分融入水中，然后沥去茶渣，再经过反复一至两次的提取上清液工序，把提取的上清液在文火中煎熬数天，成为糊状，最后倒入器皿中，经过 3 个月以上自然风干而

❶❷ 茶膏饼

成型。

普洱茶膏的历史、工艺、饮用来自中国古老的养生文化奥秘，是中国独有的养生文化。从茶膏的诞生伊始，就成为皇家独享的养生御品，是中国古人发明的世界第一款精制“速溶茶”，也是中国古老而庞大的茶产业中的一朵奇葩。如今，在中国故宫博物院里，还陈列着 “普洱茶膏” 这种百年古董。

茶膏是普洱茶的浓缩精华，是普洱茶制品中的植物精油萃取物。现代茶膏的制作工艺是在清代宫廷制作工艺的基础上发展起来的。这种方式模仿了清代茶膏制作的气候、温度、环境，在更加繁复、细致的工序下，把茶汤的提取和浓缩控制在常温 40 摄氏度左右，采用了常温浸提仿生的先进工艺，

利用了芳香物质和活性成分必须在一定温度下挥发和析出的特性，使茶多酚含量高达 60.9% 以上，最大限度地将这些茶叶的原有物质有效地溶解到茶汤再收敛成膏。相对于一般茶叶的制作加工，茶膏是普洱茶深加工、精加工产品，精选优质普洱茶原料制成。100 千克普洱茶仅能提炼出 5 千克茶膏，名副其实是精华的浓缩。喝茶膏，人体可摄入的茶多酚含量是普通茶叶的 30 倍到 70 倍，具有很高的养身健体功效，在品饮上方便时尚，并且汤色通透、醇正浓厚、香气馥郁、回味无穷。

❶ 茶膏传人——汤谟

❷ 茶膏砖

普洱贡茶制作技艺

宁洱县少数民族世代遗存下来的贡茶生产传统工艺，因其较强的民俗性、独特的工艺性和产品的丰富性，为普洱茶品牌的形成及茶经济的发展起到了重要的推动作用。其文化内涵和工艺原理仍是普洱茶现代工艺的研发基础和核心依据，是中华乃至世界茶文化宝库中的民族民间传统文化宝藏。

经过无数代宁洱茶人的研究和实践，贡茶制作技艺约定俗成为相对固定的程序，大体分为：祭祀茶神、原料采选、杀青揉晒、蒸压成形四个流程。

祭祀茶神。在古普洱府境内，每年春茶开采之前，各民族都要按各自的礼仪对茶树王进行祭拜活动。祭拜的形式多种多样，但内容都是大体相同，即感谢神灵的恩赐，歌颂茶树的功德，祈愿来年丰收，吉祥和幸福。

原料采选。开采时由村寨头人和有威望的老人经过占卜和实地查看，选出长得最好的茶园做贡茶的首采地，选出体貌端正、品行端正、身无异味、心细而有经验的采茶女采首批茶。在普洱史志的记载中，对贡茶的采摘有着严格的要求，如要“五选八弃”。“五选”就是：选日子，即选择谷雨前的吉日；选时辰，即选在晴天、日出之前采的茶最佳，与

❶ 金瓜贡茶
❷ 贡茶制作
❸ 普洱贡茶制作技艺

《茶经》上“日出神散”之说同出一辙；选茶山，即选择种植得最好的茶地，客观上鼓励茶农种好茶；还有就是选茶叶，选茶枝，选茶园中茁壮健康的茶枝，采摘匀称上乘的茶叶，所谓“八弃”是对采茶女操作上的具体要求，那就是：弃无芽、弃大叶、弃小叶、弃芽瘦、弃芽曲、弃色淡、弃食虫、弃色紫。

杀青揉晒。这是贡茶生产中关键而又独特的工艺。杀青，是在热锅里用闷、抖结合的手法，使鲜叶受热而均匀地失去部分水分。关键在温度的掌握，全凭经验和手感。因为茶叶的温度过低，鲜叶的生涩味不能清除；温度过高，茶叶中的活性酶和茶多酚类物质保留不利，普洱茶最显著

的特点就在于后来的自然发酵而产生相对时间内愈陈愈香的品味和独特的保健功效。揉捻，是用手直接搓揉已杀青的茶叶，关键点在轻重的把握和用力方向的技巧上，目的是使茶叶揉成条索状，便可晾晒成青茶。技法的高低直接影响茶叶的品味和芽条造型的优劣。

蒸压成型。即晒青茶经过蒸软、袋揉、压模、定型、干燥、包装等工序，制成各种形状的紧压茶。清道光五年（1825 年）阮福在《普洱茶记》中记载："每年备贡者，五斤重团茶，三斤重团茶，一斤重团茶，四两重团茶，一两五钱重团茶；又瓶盛芽条、蕊条、匣盛茶膏贡八色。"

普洱茶贡茶传统工艺的传承主要有两种形式：一种是属家庭作坊生产的，世代相传；一种是属茶商雇佣人员生产的，以师徒相传。在这里，特别值得一提的是，2008 年 6 月 7 日，《国务院关于公布第二批国家级非物质文化遗产目录和第一批国家级非物质文化遗产扩展项目名录的通知》正式将云南省宁洱县申报的“普洱茶制作技艺”（贡茶制作技艺）批准并公布为第二批国家级非物质文化遗产。目前，宁洱县普洱茶贡茶传统工艺代表性传承人有：李兴昌（宁洱县宁洱镇宽宏村人，贡茶工艺第八代传人）、吕国栋（曾为普洱老字号茶庄“广昌隆号”继承人，茶膏工艺第三代传人）、吕云鹤（吕国栋之子，现经营茶庄，沿用“广昌隆号”为商号，茶膏工艺第四代传人）、汤谟（曾为老茶工，现退休，茶膏工艺传人）等人。

到19世纪，阮福《普洱茶记》又多了几种新的制品形式的记载：“于二月间采蕊极细而白，谓之毛尖，以作贡，贡后方许民间贩卖，采而蒸之，揉为团饼；其叶之少放而尤嫩者，名芽茶；采于三四月者，名小满茶；采于六七月者，名谷花茶；大而圆者，名紧团茶；小而圆者，名女儿茶，女儿茶为妇女所采，于雨前得之，即四两重团茶也；其入商贩之手，而外细内粗者，名改造茶；将揉时预择其内而不卷者，名金玉天；其固结而不改者，名疙瘩茶，味极厚难得。”

这段文字生动而详细地记叙了当时茶叶的生长、采摘、制作和分类的情况。

每年农历二月，青青茶枝上抽发出来的细嫩而带着白绒的头拨茶蕊，采摘制作成的毛尖用以进贡朝廷，余下的才允许民间继续进行采摘、加工、贩卖；随后伸长出很小的叶片而且很嫩的，叫作芽茶；待到于三四月间采摘的叫小满茶；六七月间采摘的叫谷花茶；而金玉天，就是后世所称黄片，较粗老揉不成条；疙瘩茶，即后世所称茶头，是茶叶中茶胶丰富，解茶时黏成一团打不散的，味道浓厚，极难得。另外，还有一种改造茶，就是把毛茶老嫩分开，把粗老茶团在里面包心，细嫩茶撒在外面盖面，然后蒸软后压制成形，这种制法改变了历史上毛茶分季节、档次分别加工的单一形式，将不同季节、不同等级的茶叶混合加工，使低档茶的经济价值得以提升；同时也形成了后世拼配茶的雏形，这种方式一种被沿用至今，成为加工大宗货品的通用方式。

一首收录于清光绪年间《普洱府》卷四十八《艺文志》中的长诗，以丰富的内容、凝练深沉的诗句、精妙的概括，全面完整地向世人讲述

❶❷普洱贡茶制作技艺

了普洱茶的生存环境、种植状况、加工制作、管理方法、饮用方法、进京纳贡、销售方式，堪称普洱茶生产、制作、加工的叙事史诗。

山川有灵气盘郁，不钟于人即于物。
蛮江瘴岭剧可憎，何处灵芽出岑蔚。
茶山辟在西南夷，鸟吻毒菌纷轇轕。
岂知瑞草种无方，独破蛮烟动蓬勃。
味厚还卑日注丛，香清不数蒙阴窟。
始信到处有佳茗，岂必赵燕与吴越。
千枝峭倩蟠陈根，万树搓丫带余枿。
春雷震厉沟渐萌，夜雨沾濡叶争发。
绣臂蛮子头无巾，花裙夷妇脚不袜。
竞向山头采撷来，芦笙唱和声嘈囋。
一摘嫩芷含白毛，再摘细芽抽绿发。
三摘青黄杂糅登，便知粳稻参糠籺。
筠蓝乱叠碧氄氄，松碳微烘香馞馞。
夷人恃此御饥寒，贾客谁教半干没。
冬前给本春收茶，利重逋多同攘夺。
土官尤复事诛求，杂派抽分苦难脱。
满园茶树积年功，只与豪强做生活。
山中焙就来市中，人间浃汗牛蹄蹶。
万片扬箕分精粗，千指搜剔穷毫末。
丁妃壬女共熏蒸，笋叶藤丝重检括。
好随筐篚贡官家，直上梯航到官阙。
区区茗饮何足奇，费尽人工非仓卒。
我量不禁三碗多，醉时每带姜盐吃。
休休两腋自更风，何用团来三百月。

历史的大河滔滔向前奔流，进入 20 世纪，随着封建王朝统治的灭亡，贡茶不复存在，普洱发酵茶也从昔日的王公贵族堂上客回到平常百姓家，成为供应市场的大宗货品。

这一时期，普洱茶经过多年的传承发展，加工方法日臻完善，柴萼在《梵天庐丛录》（1925 年）中记叙："普洱茶是蒸制以竹箬成团裹的大宗茶。"

这一时期至近现代，普洱茶民间加工制作工艺主要包括摊晾、杀青、揉捻、日光照晒、筛选、包装等几道工序。

普洱贡茶制作技艺

传统普洱茶从制作加工工艺和品质上来分，可分为生茶和熟茶。生茶即以采摘的云南大树种茶叶的鲜叶为原料，通过摊晾、杀青、揉捻、日光干燥等工序加工而成的散茶或蒸压茶。其品质特征为：外形色泽墨绿，汤色绿黄清亮，香气清纯持久，滋味博厚回甘，叶底肥厚黄绿；熟茶则是以云南大叶晒青茶为原料，通过摊晾、杀青、揉捻、日光干燥加工等工序后，通过特定工艺，经人工快速发酵或自然缓慢发酵加工形成的散茶或蒸压茶。依据不同的形状又可分为圆茶（或团茶、人头茶）、砖茶、沱茶、金瓜茶、竹筒茶、七子饼茶等。

普洱茶在漫长的发展岁月中，一些茶人和茶商，巧妙地将古代文明与现代文明相结合，赋予普洱茶新的文化内涵，发明生产了具有现代特色的工艺茶，如生肖茶、吉祥字样茶、象棋茶、屏风茶、仕女图茶、九龙图茶等。这些普洱茶新品种不但外形看好，而且还是普洱茶收藏、馈赠的首选。

今天，醇香馥郁的普洱茶，在经历千年沧桑后，几经沉浮和衰荣，老树新芽，焕发勃勃的生机，凭借自己醇厚独绝的内质、愈陈愈香的独特魅力，或以一樽婉丽的玛瑙红，或以一盏明媚的宝石红，赢得了从皇宫贵族到布衣百姓、从国人到世界人民的喜爱，或尊贵，或优雅，或豪放，浓淡相宜，雅俗共赏，禀赋优渥，韵味悠远宏长。

传奇普洱发酵茶

普洱茶从彩云之南携着高原的清风和醉人的阳光，走向大江南北，走向世界各地，成为不可复制的具有典型地域性的经典茶品牌，铸就了一份传奇。普洱发酵茶的意外启发，是一种偶然，是一种机缘，更是一个传奇。

清朝乾隆年间，普洱城内有一濮氏茶庄，祖辈都以做茶为业，该茶庄的茶叶远销缅甸、西藏等地。当时，濮氏茶庄的团茶被普洱府选定为贡茶。

一年，濮氏茶庄庄主因病不能按要求与当地官员一起护送贡茶进京，便吩咐其子濮少庄主与普洱府的罗千总一同进京献贡。

濮少庄主与罗千总在普洱府茶局经过贡茶查验、打包、压印花、封箱等程序后，领取了贡茶令牌，马帮插上“奉旨纳贡”的黄旗，驮着贡茶就出发了。谁料途中遇到雨期无法前行，耽搁了行程。濮少庄主和罗千总担心不能按期限交付贡茶而犯欺君之罪招致杀身之祸，心急如焚。天气稍稍放晴，便策马上路，加时赶路，经过一百多天行程，终于在朝廷限定的日期内赶到京城，濮少庄主和罗千总松下一口气。然而，当马帮在客店稍作休息整顿，验看茶驮时却发现，茶饼的颜色全变成了褐色，千里迢迢运送来的茶叶全变

1908 年，运茶人

色毁坏了！濮少庄主及罗千总意识到将要大祸临头了，到期交不出贡茶，龙颜一怒，只有死路一条了。

话说马帮打尖的这个客店的店主，听说客栈住进了云南来京城送贡茶的马帮，感到好奇，想尝尝贡品的滋味，于是趁马帮休息之际，悄悄打开一块茶饼，撬了一片放进碗中，用开水泡后，只见茶汤红浓明亮，香气独特陈香，滋味醇厚回甘，唇齿喉舌间只觉甘甜香气回味无穷。店主这边正偷偷沉醉在这氤氲着腾腾热气的茶汤的醇厚甘甜中，忽听得外面罗千总大叫，不好了，庄主上吊了！店主赶紧放下手中茶杯跑了出去，大家七手八脚救下了濮少庄主。

店主得知濮少庄主自杀的原因后，便说："这贡茶没有坏，好得很，又香又甜。"濮少庄主和罗千总听了，将信将疑，店主赶紧转身取来喝剩的茶汤，逐一递给两人喝了后，

①马 帮

②1908 年，运茶人

二人均感觉较之从前的传统贡茶，此茶口感更加甘馥爽口，回味隽永，而汤色栗红明艳，摄人心魄。于是便决定将错就错，谎称这是新研制的贡茶新品，将此贡茶送往朝廷。监收茶叶的官员听闻这是普洱贡茶的新品，亦觉得新鲜好奇，取了茶叶样品冲泡而饮，一碗茶汤下肚，连连称妙，随即向乾隆皇帝推荐了此款普洱贡茶。

一日，乾隆皇帝处理完朝中政事回宫，想起普洱府进贡的新品贡茶，于是吩咐茶房冲泡呈来。茶房选取宫中收集的雪水，选用江苏宜兴五色陶土烧制的紫砂贡壶煎煮茶汤，并用白玉杯盛之。乾隆皇帝揭开杯盖，眼前一亮，只见白玉杯中，红浓明艳的茶汤光彩照人，举盏饮下，醇郁沉香直沁心脾，滋味绵甜爽滑，唇齿间回甘悠远。乾隆大喜，遂传召见护送普洱贡茶进京的一行人。

濮少庄主和罗千总忽闻皇帝召见，战战兢兢来到殿上，三言两语将事情的始末和盘托出禀于皇上。不料，乾隆知晓事情的缘由后，非但未怪罪，反而重赏马队一行人，并写下了“防微犹恐开奇巧，采茶竭览民艰晓”的诗句，告诫群臣，勿忘体恤茶农商士之辛劳。同时下旨，要求普洱府每年都要进贡这种经过自然发酵具有特殊品质的普洱茶。自此，陈香醇厚、韵味悠长的“普洱茶”更加名声大振。

宁洱茶企业

宁洱人以诗意的情怀在种茶、制茶，以茶当歌，与茶相生相伴，每一片茶叶、每一棵茶树都契于生命的诗意和情怀，以“纯、净、真”的情怀来追求和经营普洱茶的精神内涵，将茶香、茶味和茶品远播五湖四海。

普洱茶的生产具有特定的历史区域，其生长也具有特定的自然条件，经过特定的传统特色技艺加工后形成了独特的品质特征，是在众多茶类中，唯一的后发酵型茶，这些因素决定了普洱茶拥有与其他茶类不同的独特品质。

制作普洱茶，经营普洱茶，在宁洱，是一份优雅的事业。云南普洱茶（集团）有限公司、云南普洱茶厂有限公司、普洱茶王茶业集团股份有限公司等宁洱茶企业及宁洱茶人，秉承优质、纯正的制茶理念，以“纯、净、真”的情怀来追求和经营普洱茶的精神内涵，将茶香、茶品、茶味远播五湖四海。

——云南普洱茶（集团）有限公司。位于普洱山下、龙潭池畔，坐落于1729年建立的清贡茶厂旧址，环境雅致幽静，古朴大气。20世纪70年代被指定为云南省普洱茶四大

永年茶厂

生产厂家之一，今天的云南普洱茶（集团）有限公司已成为云南省农业产业化重点龙头企业，是一家历史悠久的从事茶叶种植、加工技术推广、茶文化传播及茶叶营销的集团公司，现有五个子公司、四个分公司、六大生态茶园基地和九个茶叶初制所。其自营的六大茶园基地（板山皇家贡茶园、会连有机茶园、白草地有机茶园、竹山生态茶园、大黑山生态茶园、凉水箐生态茶园），总面积约 45000 亩，茶园面积 27000 多亩，古茶树 800 亩，大茶树 13217 亩，茶树均生长于海拔 1500~2000 米的高山，独享天地之精华，为云南省拥有自营产权面积最大的企业之一。因其六大基地优渥的生态环境，被认定为“云南省休闲农业与乡村旅游示范企业”。其中，板山基地为清代皇家贡茶园，与侏罗纪活化石植物桫椤伴生的大量古茶树和古茶树群落曲劲苍绿，置身其中，如置身于历史与现实交叠的绿色时光隧道中。普洱茶集团凭借其优越的基地环境、精良的制作技艺、优良的产品品质，获得多项国家级有机、绿色食品认证，成为“云南省农业产业经营优秀龙头企业”“云南省优强民营企业”。其旗舰品牌——“普秀”牌普洱茶，以“本源、正宗、专业”为核心，为“云南省名牌产品”，中国普洱茶十大品牌之一，其产品多次获国家级、省级金奖、银奖、名优茶、优质茶等称号。其经典产品代表“板山毫锋”“玉莲金针”，气清、质纯、韵雅、香远，乃茶中雅士。

——云南普洱茶厂有限公司。位于城东湖光潋滟的东洱河湖畔，所处环境依山傍水，风光秀美，空气清新怡人。其拥有茶叶基地 5000 亩，合作型原料基地 5 万亩，建有茶叶初制加工所 15 个，集茶叶种植、加工、销售及茶文化推广于一体，是云南省农业产业化重点龙头企业，是有着丰厚历史积淀及稳定品质支撑的普洱茶专业公司。“不肥而坚，是以永年”，坚持做茶、做人、做企业、做事踏踏实实，认认真真，不张扬不浮躁，这是其创业和发展理念。其经典代表产品有“濮女”“普克”“永年太和”等，这些诗意的普洱茶品名，蕴含着陈香浓郁、红浓透亮、甘甜厚滑、温润生津的品质，其内敛沉静、韵味悠长的特质，是时光的积淀，是自然的灵性，是岁月的精华。传承是留存经典的灵魂，创新是发展的永恒动力。近年来，云南普洱茶厂有限公司创新研发的“紧压透明袋泡普洱茶”，以中西方饮茶文化的完美结合，克服了传统普洱饼、砖、沱品饮不方便的缺点，以方便携带、冲泡，快捷、卫生、安全、新颖等特征，风靡和引领白领阶层、商务用茶及高档酒店用茶时尚，更普及于大众日常消费，滋味芬芳醇和，韵致回味无穷。

宁洱普洱茶界企业、茶人均以知茶、做茶、懂茶、爱茶为荣耀，许多茶人一生以茶为业、以茶相伴，他们在茶香暗浮中从容行走，他们将生命融注到振兴普洱茶、发展普洱茶产业、弘扬普洱茶文化上，为普洱茶业的发展，为普洱茶文化的传播推广倾付心血，无论浮沉，一生相伴，成就了普洱茶般大雅大醇的独立秉性，雕铸了普洱茶的不朽魅力。

普洱茶品牌

普洱茶之风韵，尽在色泽明艳、经久耐泡的茶汤中，在馥郁沉香、甘甜绵爽的茶味中，在历久弥香、意味悠远的茶品中。一把紫砂壶，几个白瓷杯，金黄色的茶汤宛如玛瑙、润如圆玉，品茗之间，人生入味。

“独饮得神，对饮得趣，品饮得味，聚饮得慧。”独饮普洱佳茗，益深思，悟心性，品独寂，得茶之神韵；与友对饮，谈天说地，煮水煎茗，得茶之情趣，领茶之真味；众人聚饮，天南地北，芸芸众生，相互沟通交流，收获友情和人生真义。

品饮普洱茶，目品其形，鼻品其香，口品其味，喉品其陈。一口茶汤入口，先微苦而后甘甜，稍后顿感爽滑生津，齿颊回味甘醇，留香持久，烦倦顿消，气脉畅流，心旷神怡。

普洱茶之风韵，尽在经久耐泡、色泽明亮动人的茶汤中，在馥郁沉香、韵味悠远的茶香中，在醇和温润、甘甜绵爽的茶味中。

普洱茶的特质可归纳为“六奇”：

产地奇。普洱茶生长在高海拔云雾重锁的山中，高耸的山岭和深幽的河谷，地貌纵横交错，低纬度与高海拔的交互影响，形成了“一山分四季，十里不同天”的山地气候，产茶区湿热多雾且光热

①② 普洱茶产品

资源丰富，雨量充沛，是远离污染源的纯天然有机茶。

品类奇。普洱茶是中国众多茶树种类中最宝贵的种类资源之一，它历经几千年的生存演变，成为小乔木型茶树类，由该茶种加工成的普洱茶，香高持久，滋味醇厚，回甘润喉，内含物丰富。

制作奇。普洱茶经过自然缓慢发酵或人工促成发酵，可形成其独特的色香味，其品质是在微生物的作用下形成的。

形状奇。除散茶外，普洱茶传统工艺制作的紧压茶，外形包括圆茶、沱茶、七子饼、砖茶、金瓜茶、竹筒茶等，还有近年来新研制而成的各类工艺茶。

品质奇。普洱茶耐储藏的独特性，决定了它的典藏价值，是可以喝的古董。好品质的普洱茶，经过一定时间的储藏，其品质会“越陈越香”，因此价值也会不断上升。

普洱茶

功效奇。普洱茶因独特的制作加工工艺，其养生益寿功效独特。具有疏滞除腻、止渴生津、清肝明目、醒脑强心、利尿解毒、杀菌消炎、强骨固齿、抗癌防衰等功效，同时，普洱茶还具有提高免疫力，杀菌、抗病毒，降血脂血压、清理血管、预防动脉硬化等疾病的功能。早在 18 世纪，英国、荷兰等欧洲国家就把茶叶列为海陆军的必备饮料，定时定量配给，以此提高免疫力，预防坏血病。而青藏高原上缺少水果、蔬菜的藏族同胞更是将普洱茶奉为生活中必不可少的饮品。

这些，都是因为普洱茶所含的茶多酚（茶单宁）、儿茶素和水浸出物，比以小叶种为原料的其他各种茶叶更高，功效更为显著。

“困鹿山古树茶”，清朝皇帝钦点的御贡茶，香气清越大气，气势开阔醇和，回甘悠远隽永，是茶中之儒雅大家，其品质具备真正的大家风范，现村中 400 年以上的栽培型古树茶 500 余棵，每年所产茶叶供不应求，近年古茶价格涨到 3600 元 / 斤，仍是“一茶难求”，许多茶商和爱茶之人每年古树茶上市之际，均会专程赶到

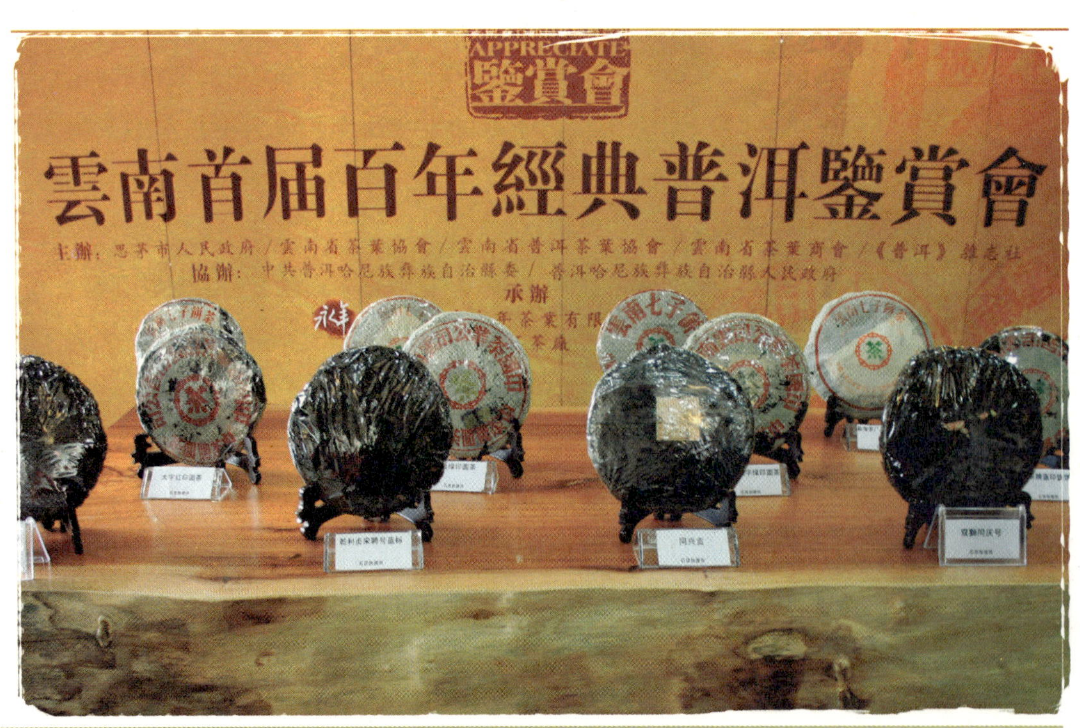

困鹿山农户家中驻守，预定并等待购买这茶中至品。困鹿山古茶树以大家的风范将普洱茶历史的积淀，融进了每一道茶汤的清冽香气中，让人与之相遇，便拊掌难忘。

“板山毫峰”，古皇家贡茶，今云南普洱茶（集团）有限公司普秀牌传统经典产品。板山茶园是古普洱府皇家贡茶园之一，与古六大茶山齐名，是今天云南普洱茶（集团）有限公司自有六大基地之一。“板山毫峰”具备板山茶特点，茶香独特馥郁，滋味浑厚宏远，鲜甜浓爽，属于名山茶青，苦涩较轻，茶味十足，饮后齿颊留香，曾被农业部评为“优质名茶”，经农业部更名为“普洱毫峰”并列入中国云南名茶大观。

“女儿茶”，古皇家贡茶，由阳春三月茶芽萌发之际，茶家女儿们上山采摘优质细嫩芽叶，回家精心揉制加工而成。该茶造型优美、工艺精湛、选料考究、制作精细，且滋味甘醇、清香四溢、回味无穷。由于此茶汤清明亮、香气馥郁、甘甜爽口，茶叶在开水中叶色由黑变绿，舒展开来，仿佛一群美丽的少女翩翩起舞，形姿纤巧秀丽、窈窕可爱，给人以美的享受，引发无限诗情画意，故冠名“女儿茶”。

“濮女”，云南普洱茶厂有限公司经典品牌系列产品，主要产品有“古乔陈香”“濮女韵”“濮女香”等20多种高中低档产品。“濮女”意寓最早种植普洱茶的先民乃濮人，“濮女”牌产品品质犹如这个充满古韵古香的品名，该产品以汤色红浓明亮、叶底褐红柔软、滋味甘甜厚滑、陈香浓郁、品质优良而名扬四方。它有着40年的普洱茶熟茶制作技术作为其品质保证，以其幽雅、神秘而又清香悠远的特质赢得了认可，产品多次荣获各种奖项，在全省范围内更是普洱熟茶类具有代表性的品牌之一。“濮女”牌商标2012年获得云南省著名商标，2013年获得云南名牌农产品，2012年获得普洱市知名商标。

“普克”，云南普洱茶厂有限公司袋泡紧压系列产品。作为一种成熟的真正意义上的普洱茶商品，“普克”是普洱茶饮茶历史的一个飞跃，它克服了传统普洱饼、砖、沱品饮不方便的缺点，是在袋泡茶基础上结合传统普洱茶特点创新研发的普洱茶“新秀”。它是一种突破和创新，是符合市场消费、方便携带、冲泡方便，快捷、卫生、安全、新颖、引领时尚的普洱茶创新品类，体现了中西饮茶文化、古今制茶工艺的完美结合。“普克”具有其他袋泡茶不同的魅力，它是经过高温蒸压后释放出来的特殊芬芳，饮之回味无穷。“普克” 产品有四大系列多个品种，分别是经典系列：陈香、纯生、伯爵、柠檬、薄荷；花草系列：玫瑰普洱、菊花普洱、桂花普洱、茉莉普洱等；名山古树系列：易武古树、景迈古树、南糯山古树、班章古树等；年份系列：五年珍藏、十年珍藏、十五年珍藏、二十年珍藏等。“普克”袋泡紧压茶入得了高级会所场馆的殿堂，适合白领、商务用茶，也上得了普通大众日常茶桌。其研发创新实现了普洱茶产品及产业的升级换代，为云南普洱茶产业的发展起到了推进和引领作用。

“永年珍藏，年份普洱”，云南普洱茶厂有限公司传统自然仓储陈化技术生产的系列产品，从香港百年老店学习研究并发展了普洱茶的传统仓储陈化技术，创建了专业普洱茶陈放仓库及永年陈放模式，具有丰富的老茶存储经验，逐渐形成了自己独特的仓储陈化风格，形成了在独具特色口味基础上培育市场的普洱茶发展之路，同澳、港、台及东南亚等国内外客商建立长期市场合作关系。“永年珍藏，年份普洱”主要是走高、中端消费，它有五至二十年的各种“年份普洱”可供市场消费者选择，每年都有陈化好的新品上市。此类产品叶底鲜活，根据不同的年份，变化的不同，具有不同的香气，汤色金黄渐变为红浓透亮，入口温润生津，品味“年份普洱”，就是在岁月静好中品鉴与你相伴而行的时光，更是在如水的流年里品味一种生命的品质。

“板山春”，云南普洱茶（集团）有限公司经典代表产品。板

双喜茶模具

山春以鲜叶采摘、摊凉、杀青、揉捻、晒干、拼配、分筛、拣剔、蒸压、烘干、包装、出厂检验等传统工艺制作而成。板山春七子饼是采用位于海拔1800米以上的板山基地云南大叶种茶树鲜叶制作的晒青茶为原料，具有条索紧实匀直、显白毫、香高持久、汤色绿黄透亮、滋味浓厚回甘持久、叶底嫩匀的品质特征。保存于适宜环境下越陈越香，属于高端经典产品，无论是新茶友还是老茶人，都能够清晰感受它的独特气质和魅力。

“玉莲金针”，云南普洱茶（集团）有限公司荷香典范熟散茶。其原料精选满布金毫的针型嫩蕊，制成的干茶金黄显毫。茶叶泡开后，表面润度好，有光泽。口感酽润绵甜，似藕之浓滑，又兼荷之幽香，堪称传统普洱茶之珍品。“玉”即茶叶泡开后，表面润度好，有光泽。“莲”即带有似莲幽香、荷香。“金针”即原料采用满布金毫的针型嫩蕊，制成的干茶金黄显毫，故名：“玉莲金针。”所谓“城畔荷风，玉莲幽香，金针嫩蕊，气韵清心”。其汤色红艳，口感醇香，两颊绵润，荷香萦绕，独具莲韵。“玉莲金针”素雅、宁静、自然的清新荷塘风格，贴近中国茶道的修身养性和道法自然的哲学思想。中国茶道特别强调“道法自然”，只有顺应大自然的规律方能做出好茶、品出好茶，一切以自然为美，以朴实为美，再而道法自然，返璞归真，心境得到清静、恬淡，使自己的心灵随茶香弥漫，仿佛自己与宇宙融合，升华到“无我”的境界。

第三章 古道漫漫

走南闯北的马帮，将普洱茶的灵性传扬天下；在错落交替的时空隧道里，去追溯一百多年前先人走过的足迹，去聆听那远去的马蹄声声。

磨黑，一个深藏在大山坳里的小镇，因为出产“磨黑大锅盐”而成为南来北往的中心驿站，被中国茶马古道研究中心命名为“中国茶马古道第一镇”。

那柯里，因一曲情深意长的《马帮情歌》，成为茶马古道上令人心醉情迷的浪漫驿站。

孔雀坪，一个孔雀曾经栖息繁衍、绽开五彩羽翼的浪漫之地，成就了“顶戴花翎”的传奇。

因古道的兴盛，马帮的过往形成了各种文化，如马帮菜，让人欲罢不能、回味无穷。

画卷里的马蹄声

透过时间的层层雾霭，穿越狭长的历史空间，法国人德拉波特的画卷向人们展现出了古道热闹繁华的过往。在错落交替的时空隧道里，循着那充满神秘色彩的古老画卷，去追溯一百多年前先人们走过的足迹，去聆听那远去的马蹄声声。

“崇山峻岭间，一条古道依附莽莽苍山斗折蛇行，向北延伸而去。一队马帮在古道上沿着一处陡峭的山坡缓缓地蜿蜒向前。人背马驮的是普洱茶、布匹、盐巴或是银器、象牙和翡翠。”这是法国人路易·德拉波特留下的画作《行进在前官马大道上的马帮》所描绘的图景。画作是单色的，却不显单调，纸背透出的是一种古老沧桑的历史真实感，透过时间的层层雾霭，穿越空间狭长的延伸，向今人展现了古道热闹繁华的过往。

这一条古道，正是以普洱茶为缘起，以普洱府城宁洱为源头，延伸向四面八方的。古道在崇山峻岭、幽深峡谷和雪域高原之中盘曲延伸，穿过重重悬崖雾锁，跨越千沟万壑，南北往来、纵横交错，川流不息，历经岁月沧桑 1000 余年，一路见证着普洱茶发展，以茶易马、撒播文明，传扬文化，比北方河西走廊的“丝绸之路”尚早 200 余年，被后人形象地称为茶马古道。

1867 年，路易·德拉波特跟随一支法国湄公河考察队从越南美拖出发，沿着湄公河畔溯流而上，经今日越南、柬埔寨、老挝、缅甸境内，进入云南景洪、思茅、普洱府（今宁洱）、他郎（今墨江）、元江、石屏、通海东上，前往云南府城昆明。考察队有 6 名正式成员和 16 名辅助人员，包括法国海军士兵、菲律宾士兵、越南士兵和翻译各色人等。

茶马古道零公里碑

这支 22 人组成的考察队此行的目的并非如其所宣扬“收集有用的资料”，用于所谓“发展商业，推行和平”那么单纯。他们真实的意图是为法国殖民政策服务，他们是在中南半岛开疆拓土的先行者，他们所觊觎的是云南这块充满未知的、丰蕴神秘的瑰丽宝地。德拉波特在考察途中留下了多幅精美的铜版画，《行进在前官马大道上的马帮》是其中的一幅。无疑，当年轻的德拉波特用手中的画笔描绘下那一幅幅充满神秘色彩和绮丽风情的生活盛景时，脑袋里充斥的不仅仅是对这块神奇大地的赞赏和惊叹，更多的是想要为法国的殖民梦想留下考证资料。

百余年之后，独立和强大起来的中国让云南大地不再有被觊觎、被殖民的担忧，时光宽容地过滤了这支法国湄公河考察队的不良居心。路易·德拉波特笔下的写实精美的铜版画，无意间成为今人追溯百余年前祖先足迹的珍贵资料。

《普洱府志》记载，明清时期，以普洱府城宁洱为源头出境的茶马古道共有五条。

北路上贯通全省，连接内地，直达京城；下至周边国家，出境缅甸，通向东南亚各国，称为进京

官马大道，是普洱茶入贡京城、出境流通和官员往来之路。

具体路线为：从普洱府驻地宁洱北上，经石桥寨—头酒房—茶庵塘—磨黑—四堂庙—孔雀坪—把边街—魁阁塘—把边江渡口（过铁索桥）—哨牌—通关—墨江—元江—青龙场—扬武—峨山—玉溪—呈贡—昆明后，经曲靖入石门关道进入四川成都，再经陕西、山西、河北到达北京；从宁洱南下，经那柯里到达思茅后，继续南下，经普藤坝—官坪—勐养—景洪—勐海—打洛通往缅甸景栋，再抵东南亚各国。

官方曾出面修筑这条官道，路面用石板、石条铺砌，这些砾石和条石轻则几十斤、重则上百斤，全靠先民从几里甚至几十里外的山涧、河谷地带，一块块搬到山上铺砌，每一块石头都浸满先民们的血汗，令后人叹服。

西路西藏茶马大道通滇西进藏区直达拉萨，支线经保山进入缅甸和印度，是以运输普洱茶为主，兼及其他物资交流的茶马商道。其主要路线有两条：一条是从宁洱出发经谦岗—景谷—按板井—（或从宁洱经磨黑—德安—梅子街—古城）—恩乐—者后—景东—弥渡—下关—丽江—中甸—德钦—拉萨，经亚东出境入印度，到加尔各答，至尼泊尔、斯里兰卡等国；另一条从宁洱出发经西萨—景谷—振太—勐大—里崴—景东—南涧—下关—保山—腾冲，与永昌相接，并与缅甸等周边国家的商道相通。

西藏茶马大道被誉为世界历史上海拔最高、生命力最长、路途最为艰险、最具神秘感的古道。它从海拔 1000 余米的普洱府到海拔 4000 多米的雪域高原，纵占 10 多个纬度，横跨 20 多个经度。从亚热带地区到达高寒之地，越过数条大江大河，翻越崇山峻岭和险峻雪山，迤逦而上至“世界屋脊”，辐射雪域高原及周边国家和地区，沿途人烟稀少、地形地貌险峻。

在这条穿越了上千年时空一路走来的神秘古道上，所有流通的物资以茶叶为大宗，以普洱茶最受藏族等西北地区少数民族所喜爱。每年农历九月至次年春，藏族马帮纷纷来到宁洱、思茅等地，用马匹、药材、皮革等换购普洱茶，滇藏之间贸易往来不断，每年行销西藏的普洱茶曾多达 500 万斤。在长期的互往中，滇藏两地民族诚信交易，友谊不断加深。到普洱贩茶的藏族马帮被茶乡人民亲切地称为“老友”。

再现昔日古茶道

普洱江城茶马古道是一条将普洱茶销往国外的重要运输

商道。具体路线为：从宁洱到思茅向东南行，经倚象坝—麻栗坪—石膏箐—曼克老—营盘山—阿树寨—江城，经李仙江上的坝溜渡口，然后水运至越南莱州再到海防港口，最终把普洱茶转运到西藏和东南亚，乃至欧洲各国。

普洱澜沧茶马古道是一条从宁洱经思茅到澜沧景迈山古茶园后，再到西盟或孟连，并连接国外缅甸最便捷的一条茶马商道。具体路线为：宁洱到思茅向西南行，经整碗—六顺—糯扎渡—澜沧，从澜沧分三个方向可分别到达缅甸。一条是从澜沧—竹塘—雪林—缅甸腊戍；一条是从澜沧—勐滨 —东回—孟连—芒掌—芒信—缅甸万霍道—勐波；一条是从澜沧—竹塘—西盟—缅甸。

在这条古道上，澜沧江等众多的河流阻挡了商旅和马帮前行的道路，得在渡口将人马渡过汹涌的江河，雨季江水暴涨时不能通过，因此又被称为“旱季茶马古道”。为了渡过那些水流湍急、峡谷深陷的江河，先民们创造了一种飞跃天堑的索桥，也称笮桥。笮桥作为茶马古道上的一个奇观，曾令古今文人叹为观止。一首《笮桥赞》对笮桥的惊险和劳动人民的艰辛做了十分生动的描述。

笮桥横空，相引一索。
人缀其上，如猱之缚。
转贴入渊，如鸟之落。
寻橦而上，如鱼之跃。
顷刻不成，陨无底壑。

普洱易武茶马古道从宁洱到易武，是普洱府设立以后于清雍正十三年（1735 年）在原来通道的基础上专门开通的茶马驿道。这条道可连接勐腊易武、倚邦、曼拱、革登等普洱古茶山，出境至老挝琅勃拉邦、万象；或从西南出西双版纳至缅甸景栋、曼勒、仰光，再海运到印度加尔各答、西里古里到尼泊尔葛伦堡、亚东进入中国西藏；或由景栋到达泰国曼谷，再海运到香港等地。

在宁洱境内也有着四通八达的驿道，以县城为中心，通往各区乡驿道有八条：勐先道——从县城东走，经温泉、大水箐坡头至克洒，里程长35公里；勐（先）曼（芽）道——从勐先的田心东走，经曼挡、格界至曼芽，里程长70公里；勐普道从勐先田心向东南至普义满磨街、老木寨达普治，里程32.5公里；磨（黑）民（乐）道——从磨黑井北上，经松丫、臭水、恩永、石中、蛮别街至民乐，里程72.5公里；菜（子地）汪（街）道——从勐先菜子地铁厂东北，经曼寨、马头田、黎明的大山寨、曼干寨、山神庙、垭口至窑房；汪（街）曼（克老）道——从黎明的汪街沿西南行，经老王寨至曼克老。德（化）思（茅）道——从德化（勐泗）南下，经大箐、那谷、三棵桩到思芽；德化道——从宁洱县城西南，经水碓河、热水河、旧寨河、窝拖寨至德化（勐泗），里程37公里，货物运输靠骡马牛驮运或人工挑背。

这一条条迂回曲折的古驿道，承载着自然给予人类的恩赐，坚韧地完成了对数千年历史的洞穿，对数万里地域的串接，它的尾端，一直延伸进二战那些烽火连天的岁月。

1 茶源广场

2 谦岗风雨桥

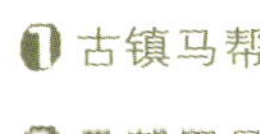

❶ 古镇马帮

❷ 马帮用具

抗日战争时期，日寇一度封锁了滇缅公路和滇越铁路，海上交通也被截断。在抗战的最紧要关头，当时的茶马古道成为后方唯一运送抗日救援物资的地面通道，数万马匹和藏区牦牛组成的运输队浩浩荡荡、络绎于途，保证了抗战物资的运输供给和内地与滇、川、藏等地的政治经济文化的联系，上演一幕幕可歌可泣的感人画卷。

岁月更迭，那一条通天的古道，已然沉寂。成群结队的马帮的身影不见了，清悠的驼铃声远去了，远古飘来的茶叶清香却一直不曾消散，绵延着千年的醇厚，滋养着古今。留给后人的，是茶马古道上的先人足迹和马蹄烙印，是各民族经济文化的交融和发展。那对远古千丝万缕的记忆，幻化成一缕缕茶香，幻化成华夏子孙一种崇高的民族精神，它的灵魂仍然穿行在斗折蛇行的古道上，过深山老林，跋山涉水，度千岩万壑，越古往今来。

洗净双手，烧一壶沸腾的山泉水，泡一杯醇香的普洱茶，氤氲的雾气里，那些沉浸在悠悠岁月里的历史，仿佛就浓缩在了那一杯茶香里。

蹄印里的岁月——茶马古道

行进在山林深谷里的马帮，在每一段镌刻下蹄痕的古道上演绎着风云一时的传奇，将普洱茶的灵性传扬天下，成就了弥漫着历史沉韵的天下普洱。

毫无疑问，茶马古道就是一条马帮、牛帮用脚踩踏出来的茶盐之道。

千百年来，沿着叶脉般四通八达的古道网络，一代又一代赶马人，一队又一队马帮，从普洱茶的故乡启程，登上山峰、蹚过河流、穿过雨林、爬过雪域。用清悠的铃声和哒哒的马蹄声打破了千百年山林深谷的沉寂，把普洱府城的茶叶、盐巴驮到山岭村寨、雪域高原，乃至异国他乡，带回皮革、药材、珠宝等物资，不仅将普洱茶的灵性撒播天下，更在神州大地多姿多彩的茶文化中酿就了普洱茶越陈越香的独特秉性，成就了弥漫着历史沉韵的天下普洱。

赶马人生活充满惊险曲折、生死难料。千百年来，在千里栈道的青石板上，在那一个又一个磨成深坑的马蹄印中，融汇着赶马人的喜怒与哀乐，辛酸与血泪。赶马人怀揣着到

异国他乡赚大钱，回家购置田地的梦想。然而，高山路险，一路上还有瘴气、传染病、匪盗的抢劫和同伙的相互算计倾轧……不要说赚钱，往往人马的性命也难保。所以，每一次赶马出行，都是一次生命的冒险，凶吉难料，祸福难猜，然而，为了生存，为了实现发财的梦想，赶马人一次次地踏上生死难料的古道，绵长的赶马道上演绎了无穷无尽的动人传奇。

在宁洱的山林间、古道上传唱着这样的赶马调，歌声凄凉悲壮，道尽了赶马人的艰难困苦。

正月赶马是新年，官家请我出远门。
官家请我只能去，手长袖短不如人。

二月赶马到把边，赶到把边不见天。
鸡不叫来狗不咬，那个地方无人烟。

三月赶马到墨江，墨江街头酒肉香。
黄昏日头落下去，我想爹妈泪不干。

四月赶马到元江，天气热来歇个凉。
歇个凉来打瞌睡，瞌睡醒来路稍长。

茶马古道

五月赶马到玉溪，玉溪城头卖布匹。
摸摸衣袋银钱少，想想家人苦又凄。

六月赶马昆明街，从早赶到日头歪。
官家有钱样样买，我没银钱空赶街。

七月赶马转景谷，望望茶山到处绿。
深山老林老虎叫，想起爹妈又想哭。

八月赶马过景东，大路宽宽走不通。
原来官家陶府在，要报官人把路开。

九月赶马到丽江，来了汉帮又藏帮。
丽江街水两头起，赚了茶货回家乡。

十月赶马到思茅，骡马过河要落毛。
马哭里处桥修起，望望路途又赶瞧。

冬月赶马到版纳，驮了槟榔驮象牙。
前把驮去三十里，后把骡子慢慢压。

腊月赶马回到家，爹妈朝我要钱花。
三两银子钱财少，我赶骡马为官家。

茶马古道指路碑

随着滇越铁路、滇缅公路修建和川藏、滇藏公路的相继开通，马帮渐渐远去，历经千年风雨的茶马古道完成了它的使命，渐渐沉寂，变成了一道人们为之咏叹的风景。

赶马人骨子里蕴藏着的坚定信念和无谓精神，源源不断地传承到后代人的身上，催生出了一种不畏艰险，吃苦耐劳，

长歌当吟的力量。

2005 年 5 月 1 日，一次行程近万里的马帮长征——“马帮茶道·瑞贡京城”活动从茶之源，道之始的宁洱启程。昔日马帮的壮观景象在马帮后代的努力下重新鲜活起来了。汇集于宁洱县的 120 匹骡马，9 个民族的 43 位赶马人，带着 240 框共计 50 吨的普洱茶，浩浩荡荡地踏上了新世纪的马帮之路，他们用双脚丈量着昔日马帮“瑞贡天朝”的漫漫长路，重现当年古人用马帮运输普洱茶从云南普洱到北京的盛况，展示普洱茶丰厚的文化底蕴；同时用普洱茶义卖活动吸引沿途的各省参与，为“希望工程”捐款建校。

宁洱“老赶马”田仕华全程参与了这次活动。这位皮肤黝黑、一脸长须的马锅头，因其豪爽、坚强的粗犷形象成为此次活动的“马帮形象代言人”。在 168 天徒步千山万水的时间岁月里，“老赶马”田仕华和“马帮茶道·瑞贡京城”大马帮“晴天一身汗，雨天一身泥”，“天当房，地当床，风餐露宿”。历经酷暑的炙烤，

风雨的搏击，生死的考验，浩浩荡荡走进城市，进入现代人的视野。

茶马古道的命运总是与普洱茶休戚相关，伴随着普洱茶“越陈越香”的特质被发现后，这一神奇的茶品就被人们誉为“可以喝的古董”。普洱茶在百年之后再次在中华大地掀起一股由内而外、由南到北的热潮，古道、马帮再次引起了世人的关注，众多的学者、旅游爱好者、寻根的马帮后人一次又一次踏上这条古道。埋没在杂草荆棘中的茶马古道便重新鲜活起来，连同那些马帮镌刻在砾石上的蹄痕，蔓延在古道边的藤蔓一起穿越时空，向世人重现着茶马古道上昔日的悲壮艰辛和浪漫诗意。

❶赶马人——田仕华

❷❸❹古道上的马蹄印

书写在古道上的无字史诗

在漫长的茶马古道线上，散落着许多遗迹，如同长藤结瓜般点缀在茶马古道沿线，长期伴随和见证着古道的沧桑。

在宁洱县境内，保留有三处较完好的茶马古道遗址：宁洱镇民主村茶庵塘的茶马古道、磨黑镇庆明村孔雀坪的官马大道、同心乡那柯里的旱季茶马古道。

位于古代官马大道昆洛道上的茶庵塘驿道，是古普洱府通往省城昆明，直至京城的第一个驿站，自明末清初以来一直是上京进贡普洱茶的官道。这里曾设有茶庵庙，又是重要关卡汛塘，所以叫“茶庵塘”。光绪年间，清政府在此设兵丁五名驻守。

茶庵塘山高坡陡，峰危路险，古木参天，传说只有鸟儿才能飞过，所以又被称为“茶庵鸟道”。古道用砾石和长方形条石沿着密林遮盖的山冈箐头铺砌而成，沿途树木葱茏，鸟语虫吟，风光独特，为古“普阳八景”之一。清道光《普洱府志》中载有清代诗人吟咏“茶庵鸟道”的诗六首，其中宁洱的贡生舒熙盛的七律《茶庵鸟道》一诗生动地描绘了茶庵塘驿道的雄奇惊险和运茶马帮走过茶庵堂的情景：

崎岖鸟道锁雄边，一路青云直上天。
木叶清风猿穴出，藤花细雨马蹄前。
山坡晓度荒村月，石栈春含野墅烟。
指颐中原众此去，莺声催送祖鞭生。

尽管远去了藤花细雨马蹄声，崎岖鸟道锁雄边的辉煌也早已湮没在历史的尘埃里，但今天的茶庵塘，依然留下了宽约两米、长约五公里的砾石古道。走在这条古道上，既可以领略途中近千亩连绵成片的古茶园，又可以在古韵犹存的崇山峻岭间，深切体会"径仄愁回马，峰危畏如去"的意境。

那柯里驿站是清光绪年间的关哨汛塘之一，称为"那柯里塘"，是古普洱府上京城，出缅甸、老挝的茶马古道必经之路。设兵 6 名驻守，归普洱府中营左哨头司把总管辖。从那柯里驿站到思茅腊梅坡之间的这段茶马古道全长约 30 公里，路面宽 1.5~2 米，多数路段用人工打制的条石和砾石铺就，并有石台阶逐级而上。

孔雀坪位于宁洱县的磨黑到把边之间，是古代进京官马大道上的一个重要驿站。由于它所处的位置远离今天的 213 国道，因而茶马古道的遗俗保留相对完整。孔雀坪茶马古道建于清嘉庆十七年（1812 年）至道光三年（1823 年），是普洱府至昆明的官马大道中保存最完好、最长的一段。

孔雀屏和那柯里是昔日热闹繁华的茶马驿站，曾经马店、烟馆、赌馆林立，如今尚存有当年开马店用过的石水缸、油灯、马垛子、铡刀等旧物。当我们走在驿站旁遗留的茶马古道，高大的阔叶树木和千年的老藤，在阳光中忽明忽暗，俯下身去抚摸古道上一串串深深的马蹄遗迹时，我们仿佛又听到了一阵阵清脆的马铃声，仿佛又目睹了昔日茶马古道上人

喊马嘶的旺盛年代，甚至都可以闻到那扑面而来的热烘烘的汗水，以及马粪、尘埃和岁月的味道。

绵延万里的神秘古道，演绎了上千年的茶马历史。如今，昔日马帮络绎于途，商贾往来不断的古道已衰落、尘封，但在祖祖辈辈依靠人背马驮，经年累月踩踏出的这一条条古道上，有关茶和马、人和事的逸闻趣事、史志记载俯拾皆是，在古普洱府境内，就保存着许多鲜为外界所知的文化遗迹。

风雨桥，是茶马古道上的地标性建筑。宁洱县境内的谦岗风雨桥，是茶马古道上唯一一座保存最为完好的石台水面瓦房古桥。

谦岗风雨桥长 12.35 米，宽 2.7 米，桥两头建有用砖和土砌做基础的亭子，坚硬和牢实的大木做基层，厚实的木板铺设桥面，桥面上立有坚固的木房架，房顶覆盖着青瓦。桥的两边有雕花木栏杆及仿“美人靠”的木凳，为长途跋涉的人们躲避突如其来的风雨提供些许庇护。虽

谦岗风雨桥

然经历了沧桑巨变，但它却静静地独处一隅，任凭脚下的流水千回百转，它依然坚强地、真实地存在于天地之间。

单孔石拱桥，是茶马古道上遗存数量最多的桥。大都建造在地势险要、水流湍急的地方，有意思的是，茶马古道上关于桥的种种神话和传说，大都和建造这样的桥有关。

那柯里驿站至思茅腊梅坡的这段古道上，有一个叫坡脚的小村子，坡脚村头至今遗存着一座石拱桥，桥不是很大，但却很坚固，经历无数山洪的冲击，依然牢固地将古道连接在一起。踏着桥面上布满尘土的木板，就像踩着一段光阴，恍如步入到历史深处。

1 茶马古道

在思茅至宁洱茶马古道约 2.5 公里处一座名为麻栗坡的山上，曾经发现了一块迄今为止唯一记载茶马古道修筑史的百年石碑。这块石碑是完整记录了修建宁洱至思茅茶马古道时，筹集资金银两、投入劳力人工、修建进展情况的功德碑。刻碑时间为光绪十七年，至今已有 100 多年的历史。在进京茶马古道沿途一个叫芭蕉林的山岭上，也保留有一座赶马人和商旅祈求平安，石头垒成的数米高的小山，这些石头大小以鸡蛋、碗到钵占多数，赶马人称“万石山”。据说凡经过此道的茶马客商都要捡一块石头堆在此地，为的是求得山神保佑，一路平安。千余年来，难以数计的马帮、行人在这里祈福，这样一座“万石山”所寄托的祈望又岂止万数。

2 普洱知县单乾元《茶庵鸟道》诗

历经千年风雨，这些日渐颓荒的历史痕迹，似一首延绵不断的无字史诗，诉说的是昔日古道的繁华辉煌与岁月风霜。2006 年 4 月 9 日，由云南省文化厅、云南省交通厅、云南省茶马古道研究会共同命名设立的“茶马古道零公里纪念碑”在宁洱县茶源广场举行隆重的揭碑仪式。2015 年 6 月 27 日“茶马古道源头地理标识”也随之在宁洱落地，两块标识的相继落成，连同那些书写在古道上的无字史诗，再一次向世人证明了宁洱是普洱茶的根，茶马古道的源头。

3 茶庵塘古道

茶马古道源头地理标识碑

中国茶马古道第一镇

磨黑，一个深藏在大山坳里的小镇，因为出产“磨黑大锅盐”而成为南来北往的中心驿站，一个商客云集、莺歌燕舞的繁荣之地，一度成为思普大地上的政治经济文化中心。因此被中国茶马古道研究中心命名为“中国茶马古道第一镇”。

“磨黑”为傣语，“磨”为盐，“黑”为“井”，即“盐井”。仅从字面就可以一窥“磨黑”二字深厚的盐文化底蕴。磨黑开采始于汉代，元、明、清时期设盐政，后设盐场公署，至清雍正三年（1725年），开采量增大，成为云南省四大盐矿之一。

关于磨黑盐的来历，是这样传说的：

很久以前，一位居住在把边江畔的老猎人上山打猎，坐在一棵树下休息。举目远眺，他看到眼前的三座山叠成元宝状，便暗暗称奇，寻思这会不会是块风水宝地之时，忽然看到一只洁白的白鹇鸟飞到他身边，扑棱棱扇动翅膀围着他绕了三圈后朝山下缓缓飞去。

老人似有所悟，追寻着白鹇鸟而去，一直走到了一个山涧边，山涧里流水潺潺，溪边有一个古藤缠绕的山洞，洞口

❶ 磨黑镇走马转角楼

❷ 古驿遗址——磨黑老街子

云雾缭绕，白鹇鸟却不见了踪影，却见溪边几只怀有身孕的麂子在不慌不忙地饮水。千百年来，打猎之人有个不成文的规矩，那就是不伤害怀有身孕的动物，老猎人没有惊动它们。喝饱水后，几只麂子慢慢消失在丛林深处。口干舌燥的老猎人蹲下身来，掬捧溪水喝，溪水有着淡淡的咸味，抬起头来，他看到耀眼的阳光下，石头上有洁白的晶体在闪闪烁烁，甚是好奇，便走过去，用舌头舔了石头，也是咸的！老猎人大喜，方明白，白鹇鸟是给自己带路的，刚才的几条麂子也是在喝盐水。

自此，把边江畔的人便放弃了打猎为生的生活模式，依靠着这山涧里似乎永远也采之不竭的盐巴，繁衍生息，安居乐业。

怀着对大自然的感恩和敬畏，磨黑人开始开盐矿、设盐灶、熬盐巴。

磨黑人熬盐，最初使用的是日常锅灶，普通人家也可以自己熬制，一般为一灶一锅。后来，改为一灶两锅，产量有了提高。随着食盐进入市场交易出现了梅花灶，一盘灶一个炉膛，少的置七口锅，多的置十三口锅一同熬盐。民国年间，建水人吴氏将梅花灶改成梯形条灶。灶膛里柴火呼啸，灶面上盐锅密布，热气腾腾，场面壮观，盐的熬制效率提高大半。清代宁洱生员徐太和以一首题为《盐井》的诗，记录下了当时的盛况。

盐洞深无际，开采已有年。
人随灯入地，锤振响惊天。
井近各分工，厢长级欲手。
东升红日后，轱辘运绵绵。

磨黑盐属旱采盐，品位较高，洞中的矿盐，几乎可以直接食用，因而老百姓称它为“可以吃的石头”。磨黑盐储量大、盐味醇，极适腌制酱菜、食品用，也可入药以败毒、消炎等。据说腌制宣威火腿只有用了磨黑盐才色香味俱佳。普洱府内官商百姓，都喜欢储备磨黑大锅盐，多储者为富有标志。

磨黑人对盐有特殊喜好，做菜烹肉盐味重，就连喝杯普洱茶，也要加入盐巴，说能消炎解毒，降燥清肺。

相关资料表明，云南四大产盐地中，最受推崇的是磨黑。磨黑盐运至元江县城，北上峨山县，经玉溪市，到达省会昆明，在昆明经商户流转，输入石屏县、建水县、蒙自县和锡业兴旺的个旧市等地。

随着普洱茶、磨黑盐商贸的发展壮大，磨黑古镇商贾云集、马店林立、市场繁荣，东南西北四海客商交汇，鼎盛之时，每天有着上百支马帮出入磨黑，小小的弹丸之地竟然常驻两三万人之多，一度成为思普大地上的政治经济文化中心。磨黑镇，也因此被中国茶马古道研究中心命名为“中国茶马古道第一镇”。

磨黑老人张朝印在回忆起磨黑的鼎盛时光时曾这样写道：

> 从我记事起，每当百花盛开春茶放香的阳春三月，都会看到西藏人沿着西北方向的茶马大道来到普洱府购买普洱茶的盛况。那些西藏人头绕长辫子戴着宽边毡帽，耳戴大银耳环，身穿一支袖子的长袍，腰扎宽皮带斜插着一把银把长刀，脚踏半筒牛皮靴，肩上斜挂一支猎枪，个个威武雄壮，好像古代的武士。他们与人为善，彬彬有礼，他们与当地人打交道，从未发生过纠纷。成群结队赶着几百匹骡马，驮着西藏产的货物，如毛毡、牦牛毛、麝香、冬虫草、红花、苏木、铜锁、铜马铃、雪莲、苍蒲、木碗、木梳……从西藏高原爬雪山、穿峡谷、过金沙江，越过千山万水沿着茶马大道来卖货物（包括一部分骡马）又购买他们喜爱的普洱茶。他们从德安方向进入磨黑老街大河边

沙坝上，安营扎寨。半里长的河滩上摆满帐篷、货物，人喊马嘶，真像古战场上露营的军队营地。马队有严明的纪律和严密的分工，无事不随便到附近的村子，在路上行走也不随便与行人交谈。一到宿营地有的给骡马下驮子；有的把骡马放到鬼坟山吃草；有的在骡马、火塘周围站岗放哨；有的购买草料、柴禾、小菜；有的埋锅造饭准备晚餐；有的在搭帐篷……到了黄昏，他们对着骡马打呼哨，在山上的骡马闻声即自动跑回各自的火塘。“武士”们把它们一匹匹地拴在一棵棵铁桩上，让骡马吃草料，他们也开始晚餐了。他们围坐在各自的火塘周围，一手端着大碗酥油茶，一手在另一大木碗中捏着糌粑，边吃边喝酥油茶。他们吃得香甜，喝得津津有

❶❷熬锅盐

味。我们围观的小鬼馋涎直流，真想尝尝酥油茶和糌粑的滋味呢。后来我才知道，糌粑、奶类、酥油、牛羊肉是藏民的主食。在高寒地区，需要摄入热量高的脂肪，但没有蔬菜，糌粑又燥热，过多的脂肪在人体内不易分解，而茶叶既消食解腻，又防止燥热，难怪那些藏族人那么喜爱普洱茶，连碗里的茶叶也一扫而光。看起来他们对茶叶的需求量比产茶区的哈尼族、彝族、拉祜族、布朗族要大得多，所以，才不远千里跋涉至普洱府驮普洱茶。

第二天拂晓前，人声、骡马嘶鸣声、狗吠声中迎接了黎明，西藏赶马人起程了。他们的皮靴与骡马的铁蹄踏在石镶路上发出咔嗒、咔嗒的响声，催醒了村中的男女老幼。这样盛大的场面一年只能看到一次，所以，大家不约而同地走出家门，站在路边观看西藏马帮的风采。马帮中有头发花白的老喇嘛，他们骑在骡马上，好像一尊天神，头戴有护耳的毛帽，身穿袈裟，胸前挂着一串佛珠，肩上斜挂一个镶玻璃的银盒子，里面装着一尊金色的佛像，口里叽里咕噜地念着佛经，手里数着念珠，有的手里摇着铃铛；有的双手合十向观看的人群点头致意；有的骡马驮子上还插着头天路上采来的迎春柳和樱桃花，与他们骡马头上戴着的红缨，腿旁挂着的牦牛毛相辉映。

到了四五月间，西藏赶马人又从普洱方向驮着清一色竹篮包装的普洱茶往回赶了。有些竹篮上还插着杜鹃、山茶花呢。从二台坡到宿营的河沙坝的路上，骡马驮着笋叶封的茶竹篮，像一朵朵白云摇摇晃晃地由高往低处飘动，煞是好看。骡马走完后，一路上飘逸着一股清香的春茶味。像这样大批量用骡马驮运茶叶，在我一生中只看过四五次。他们在火塘周围堆码起的茶驮，好像长城一样雄伟壮观。夜幕降临了，他们照例坐在自己火塘周围开始晚餐了。吃完饭后叮叮咚咚地弹着扎木聂小弦子，有的在哼着藏族歌曲，有的在打

闹，非常喜庆的样子。第二天早上，待我们去上学时，他们已经起程向着自己的家乡进发了。

在频繁的贸易过程中，磨黑人吸收了大量的中原及邻国优秀文化和先进思想，练就与一般人不同的闯荡勇气与商家气魄，这种优势被完整地体现在盐井人风格独特的建筑之中。

磨黑古镇临街的建筑多为二层或者三层的“骑楼”式红木小楼，一楼为商铺，二楼有一长溜连在一起背向街道的靠椅，它们是小镇非常别致的一大景致，有着一个美艳又浪漫的名字——美人靠。“美人靠”是古建筑中走廊、凉亭的护栏，一般多为内地中原文化兴盛的地方采用的建筑形式。旧时女子轻易不能下楼外出，只能凭栏遥望外面的世界，或窥视楼下迎来送往的应酬，故雅称此椅为“美人靠”。

磨黑古镇

漫步古镇，有几个地方是必须去看的。

新政街 15 号建于清朝末年，是典型的“三坊一照壁”四合院，整幢建筑为二层土木结构，分为正房和左右厢房，房屋中的楼道均有木雕花门联，房檐门窗上布满各种动物和花草浮雕，其前方照壁上写有大红“福”字，中间是石铺天井，整个建筑古色古香，檐雕龙飞凤舞，对联、书画具备，古香古色、精致典雅；走马转角楼则是集多种角色于一身的大盐商张孟希的私宅，始建于 1946 年，总建筑面积 1672 平方米，共有大小房屋 43 间。走马转角楼属三井四合院布局，整栋楼正楼 3 层，厢房及门楼各 2 层，左右厢房两侧共设 4 道楼梯通向二楼，二楼沿四合院设内向环形走廊，人马可随走廊环走一圈回到终点，因此称为“走马转角楼”。整座建筑散发着浓郁的传统文化特色，但房屋对外的窗棂却一律用石材镶饰，采用的是西方建筑风格，体现了磨黑文化的多元性和融合性。

“朱雀桥边野草花，乌衣巷口夕阳斜。”走进磨黑老街子总会让人想起刘禹锡的这几句诗来，游走在一座座旧时庭院之时，总会看到头发花白的老人坐在昔日街道边的石凳上闲聊或是打量着过往的路人。只要上前向他们询问这里过去发生的事情，他们都津津乐道，他们最不能忘怀的，就是老街的“四子”，即郑家的银子、胥家的儿子、柳家的谷子、李家的桃子。

时至今日，我们难以再见到他们及老街子往昔的繁荣景象了，只有那窄窄的石板路，那些古老但绝不陈旧，威严但绝不单一的老屋，穿过一道道时光的门槛，诉说着昔日磨黑的繁荣与辉煌。

灵山秀水育英杰

一方水土养一方人，磨黑得天独厚的地理条件和资源优势，悠长丰厚的民族文化，不仅让这里成为滇南盐都和茶马古道第一驿站，也涌现出了一大批影响广大、蜚声国内外的优秀人才。

随着茶、盐的兴旺发展，磨黑经济日益繁荣，造就了不少富商乡绅，镇内有开明的乡绅筹措资金兴办了学校，广招有识之士到磨黑传道授业。1941 年抗日战争期间，受中共地下党组织的派遣，一批革命志士纷纷以教书为掩护，来到磨黑中学开展革命宣传和武装斗争，培养出了大批民族解放事业的骨干精英。通过磨黑中学，革命火种在茶马古道沿线的各地区点燃，不少在斗争中牺牲的英烈永远长眠在了这块土地上。被后人尊称为“曾蒋老师”的曾庆铨、蒋仲明两位老师是其中杰出的代表，他们被一心想通过投靠国民党来获得庇护的大地主张孟希残忍杀害在磨黑河边，鲜血染红了河畔的沙滩，唤醒和鼓舞了思普人民武装起来，夺得了思普大地的胜利解放。

从磨黑的灵山秀水中走出来的，还有两位美丽纯洁的女性——电影《五朵金花》和《阿诗玛》的扮演者杨丽坤及全国英模张

培英。

杨丽坤出身于磨黑老街一个家道中落的熬盐灶家，在家排行第九，家里人称她为“小九儿”。母亲早逝后，10 岁的杨丽坤到昆明随二姐一起生活。12 岁时，从小喜欢唱歌跳舞的杨丽坤被云南省歌舞团的胡宗林老师发现，进入了省歌舞团。在省歌舞团，杨丽坤凭着扎实的舞蹈功底开始崭露头角。

1958 年，到云南挑选电影《五朵金花》演员的导演王家乙偶然发现了正在擦玻璃的杨丽坤，选中她扮演社长金花，那时，杨丽坤 16 岁。社长金花这一角色，是杨丽坤的第一个银幕形象，为演好这个角色，她潜心钻研剧本，到大理白族聚居的地方深入生活。在王家乙导演的精心指导下，初上银幕的杨丽坤，成

❶杨丽坤故居

❷20 世纪 60 年代的杨丽坤

功塑造了一个勤劳善良美丽的白族姑娘形象。《五朵金花》公演后取得了极大成功，在第二届亚非国际电影节上，杨丽坤荣获了“最佳女演员奖”的“银鹰奖”，导演王家乙获“最佳导演银鹰奖”。杨丽坤在影片里以一种淳朴天然、不事雕琢的美征服了亿万观众，在人们心中留下了难以磨灭的美好印象，成为中国影坛上一颗璀璨、耀眼的明珠。

1964年，杨丽坤出演中国第一部彩色宽银幕立体声故事片《阿诗玛》的女主角阿诗玛。影片由刘琼、廖瑞琴分别为正副导演，近两年的精心制作，杨丽坤在片中展示了她深厚的舞蹈功底和绝妙的演技，把云南少数民族特有的纯真、率直和善良的个性表达得淋漓尽致，再次成功地塑造了一个撒尼姑娘阿诗玛的形象。

1966年，“文化大革命”开始后，刚制作完成的《阿诗玛》还未公演就被说成是毒草，杨丽坤也因此受到了一次又一次的批斗，她被造反派用绳子捆起来，关进了地下室，那里终日见不到阳光，杨丽坤只能睡在两条冰冷的木凳上。造反派还经常拉杨丽坤去批斗，甚至恶毒地用很长的银针对着杨丽坤乱扎。在造反派残酷的折磨下，杨丽坤精神崩溃了。

得知杨丽坤的不幸遭遇后，周总理

① 杨丽坤

② 磨黑中学中共地下党思普特委活动陈列室

立即指示云南省有关部门要给杨丽坤治病，在总理的关心下，杨丽坤才得以脱离苦海。

1976 年 10 月，“四人帮”被粉碎后，笼罩在杨丽坤头上的阴霾被驱散了，她的问题得到了落实。电影《阿诗玛》经文化部严格审查通过，公开放映，轰动一时，观众们为女主角聪颖、美丽、善良的动人形象所倾倒。

1982 年，《阿诗玛》荣获“西班牙桑坦德第三届国际音乐舞蹈电影节最佳舞蹈片奖”而轰动国际影坛。1979 年，杨丽坤出席在北京召开的第九届全国文艺工作者代表会，当选为全国舞蹈家协会理事。

2007 年，杨丽坤因病在上海逝世，享年 59 岁。

丽人乘鹤西去，众多喜欢杨丽坤的人们只能在海报上、电影里、书籍中瞻仰最美丽、最善良的磨黑女儿“五朵金花”“阿诗玛”——杨丽坤。

直到今天，提到大理人们就会想起《五朵金花》，提起石林就会想起《阿诗玛》，是杨丽坤演活了云南的风土人情，演红了大理白族自治州，演火了神秘的石林，成就了云南的民族文化品牌。但对磨黑人民来说，她永远还是那个暖在心窝里的小九妹，靠在阁楼上梳妆的小九妹，让家乡人爱着、挂着、念着，更心疼着的小九妹。

如果杨丽坤是一朵质朴无暇、美丽动人的金花，那张培英就是那迎风高高飘扬的旗帜。张培英早年学医，曾在闻一多先生牺牲当日潜入停放先生遗体的灵柩之地，为先生注射福尔马林，以延缓尸体腐烂，揭露国民党的罪恶行径。入伍后，她成为一名军事医学战线的科学工作者，1960 年夏天，军事科学院实验室发生煤气爆炸事故，张培英奋不顾身抢救仪器设备被严重烧伤，创面达 50%，其中 44% 为三度烧伤，怀孕七个月的孩子在腹中夭折。她身残志坚、自强不息，不要组织照顾，不计职务待遇，把后半生都投入到了校外教育事业上，多次被评为全国英模和优秀共产党员、学雷锋标兵。在生命弥留之际，她留下遗言把自己的身体器官捐给国家医学事业，毫无保留地为党和国家奉献了一生。

❶ 张培英

❷ 磨黑盐矿

欲罢不能磨黑味

每一座城市都有着自己独特的味道，这样的味道，萦绕在游子思乡的梦里；这样的味道，像一种难以复制的标记，存在于匆匆行者的心里。

磨黑正是这样一座小镇，因古道的兴盛，马帮的过往形成了各种文化，同时也造就了让人欲罢不能的饮食文化。

磨黑的美食，提起来如数家珍，说也说不完，吃也吃不够。

食物必定是要发自内心才可以做得美味的。

在通往磨黑水晶宫的山脚下，有一李姓人家，两个女儿，大的叫大毛，小的叫二毛。二毛有个香肠作坊，所做香肠色鲜味美其香独特。凭着品质的优良，二毛香肠打入了县里和市里的超市，每年要用去上吨的猪腿精肉。父母帮二毛打下手，二毛说，不请工人，担心他们不用心，做坏自己的品牌。

大毛做的是腌菜和腌豆腐，生意也是极好。

在磨黑，有一种小吃可谓“臭名远扬”，其实说它是美食也未尝不可。这道小吃，好之者用它拌着饭吃，厌之者却都不敢去嗅一嗅，它就是臭豆腐家族的一个另类成员——“浸豆腐”。浸豆腐为磨黑一户杨姓人家秘技。采用优质豆腐切成

❶ 磨黑浸豆腐

❷ 磨黑鸡豆腐

方块浸泡在特制的汤里，泡数日后即可食用。浸泡过后的豆腐呈灰白色，食用时切成二指见方，在块面上匀撒一层灰色特制香料，再加少量的姜末、蒜末、青辣椒末，酱油少许。看上去一清二白，秀色诱人，闻之奇臭无比，与榴梿异曲同工，但一经拈入口中，用舌头轻轻一拌，豆腐软软的、滑滑的，不知不觉中就滑进了肚里，至于味道那就仁者见仁、智者见智了。曾有人这样评价过浸豆腐那让人无以言表的味道："不尝遗憾终身，尝过终身遗憾。"

夜幕降临，华灯初上时，踩着微微的晚风，随意走进一家烧烤店，就可看见烤箱上各种烧烤滋滋地冒着热油，香气扑鼻而来。烤三线肉、烤鸡翅、烤韭菜……哪一样不让人垂涎三尺，食客们把端上来的那一盘盘麻辣鲜脆的烧烤用舌头打着卷往下吞，直吃得嘴唇通红，涕泪交加，热汗直冒。

磨黑的美食，还有"东坡肘子""槟榔芋""蛋卷"等等。

想要一睹磨黑美食的真容，想要品尝磨黑美食之妙，还得到这个被大山环抱的小镇来。游客是这样总结的："吃在磨黑，吃的是那一份独特；吃在磨黑，吃的是那一种氛围。"

和每一个拥有悠久历史文化的小镇一样，今日的小镇已逐渐脱去往日的旧袍，穿上时代的新衣。当你仰望着那一栋紧连

一栋、青瓦白墙红木的古建筑时，当你轻轻地踏在那写满沧桑的青青石板上时，旧日的磨黑，像是一幅老照片，依稀可以看到昔日的烟柳繁华，又像是一幅淡雅的中国水墨画，写意着小镇的昨天、今天和明天。

❶ 磨黑肘子
❷ 磨黑香肠
❸ 磨黑槟榔芋

浪漫驿站那柯里

无论从磨黑孔雀坪下来走夷方，还是从思茅沿茶马古道而上，经官府大道入京的马帮客商，绿林好汉，挑夫走卒，那柯里都是必经之地，人们都要在这里度过如梦如幻的温馨的时光。那柯里驿站，终日人欢马叫，在古往今来的岁月中演绎出了无数山花般烂漫的传奇故事。因为一曲情深意长的《马帮情歌》，那柯里成为茶马古道上令人心醉情迷的浪漫驿站。

那柯里，南行茶马古道上最为传奇和浪漫的古驿站。

“那柯里”乃傣语发音，“那”为田，“柯”为桥，“里”为好，就是小桥流水，沃土肥田，理想的人居之地。那柯里在清朝光绪年间属于关哨汛塘之一，称作“那柯里塘”，官府派出六名兵丁在这里驻守，从这里北上可以进昆明入京城，南下可以到思茅出境至越南缅甸。

相传，从前的那柯里原是一个悲伤之地，名叫“马哭里”。当时茶马古道十分难行，辛劳一天的马帮要到“荣发马店”过夜，必须蹚过一条小河，在河对面“荣发马店”歇一夜，天亮出发的马儿，也必须睡眼惺忪地蹚过这条河，这条小河成为马帮伤心的记忆，故而称为“马哭里”。爱马如命的马锅头几次上书官府，最终得以在河上修建了一座长二十余米的风雨桥。从此，“马哭里”更名为“那柯里”，由一个令马儿流泪的所在变成了现在的宜居

那柯里古树牌坊

之地。

那柯里驿站占地约七十亩，这里青山环抱，森林葱郁，山花修竹掩映农舍，小桥流水装点村庄。两条清澈的小河在此交汇之后一路欢歌向西流淌。茶马古道兴盛之时，无论从磨黑孔雀坪下来走夷方，还是从思茅上来，经官府大道入京的马帮，都要在那柯里歇脚过夜。昔日的那柯里设有马店、客房、酿酒房，南来北往的马帮大都在此检修马掌，犒劳马匹，休整体力。那柯里驿站，终日人欢马叫，在古往今来的岁月中演绎出无数风云一时的传奇，也演绎出不少风花雪月的故事。

赵发昌是千里茶马古道上那柯里驿站的末代赶马人。他既是驿站店主，又是赶马行商的高手。多年来与普洱茶结下

那柯里景点

了不解之缘。他为人正直善良，助人为乐，侠肝义胆，曾经担任过那柯里乡长。

在那柯里一直流传着一个赵发昌“以茶易药”的传奇故事，有作家采访赵家人后记录下了这个故事：

民国初年思茅的瘟疫疟疾肆虐，人口灭绝、草禾荒芜致虎豹入思茅城，“摆子”（疟疾）瘟神吞噬着边民的生命。王晓楼（山东人氏）戏班到普洱镇城隍庙定居演出，历时三年。王晓楼颇具有梁山好汉的英雄气质，精通武学，为人仗义豪爽。传言他能从城隍庙地下一步跃上戏台，并有“踏雪无痕”的一身轻功。曾有普洱当代张、杨、仲、何四男子拜师于晓楼处学艺。

普洱旧时文昌宫隔壁与城隍庙之间有一所“李鼎州医院”，是普洱近百年历史上第一家西医医院。主治医师兼院长的李鼎州，风度翩翩、瘦高个子、戴着一副近视眼镜，为人谦逊和善。

某日，是普洱淫雨霏霏之季，当晚城隍庙王晓楼戏班演出，王晓楼刚唱完《十字坡武松闹店》，未卸妆来到庙门口处想吃点夜宵，忽然看见庙门前聚集着四五条壮汉，一身泥泞，冷得直打寒战。王晓楼上前双手抱拳唱了个喏：“列位兄台何故一身泥泞？快快请庙中烤火。”五个壮汉应邀到庙中。壮汉中一人正是茶马驿站那柯里的赵发昌。赵发昌等众人言道：“我等乃那柯里人氏，生平靠赶马为生，今日从那柯里赶到普洱，想找县官反映一急事，然天色已晚，只有待明日再说。”王晓楼忙问：“敢问何事如此之急？”赵发昌道：“吾乃普洱那柯里乡长，近两天来普洱

那柯里景点

茶马古道那柯里驿站疟疾甚重，昨日一早有6个茶马客高烧病倒，一条路上又有赶马人卧床呻吟不止，事急之中，无主意可行，只有找县官！”王晓楼言道：“赵兄此言差矣！找县官不管用，他又不会医病。这种事只能找医生。”赵发昌道：“可我等乃山野村夫，识不得医生呀！”王晓楼言道：“赵兄无妨，隔壁李鼎州大夫平素与王晓楼交往深切，我领你们前去拜会，请他想个法儿。”赵发昌忙说：“多谢王帮主深恩，此事若得解救，茶马人永铭心头。”

在王晓楼的搭桥下找到了李鼎州，李鼎州分析了下病情，提出了治疗方案，并拿出两箱“复方奎宁丸”，要赵发昌等人明日一早拿去茶马古道上见人就发，按说明用药，自当立见疗效。可是药钱合两百大洋，这药钱怎么办？王晓楼接上说：“李院长不用着急，王晓楼虽是山东武生，来普洱已三年，这两百大洋晓楼替付了。”

第二日赵发昌领人把药送到古道发放，并从马背上卸了两驮上好“春尖芽茶”赶回普洱，要送王晓楼和李鼎州各一驮普洱茶以表回谢。赵发昌言道：“王义士、李院

那柯里景点

长，我赵某也不是负义忘恩之辈，这两驮茶叶乃今年上好芽头，送给二位品饮，亦不负我等相识一场。”李鼎州收了茶叶后将两百大洋药款如数退给了王晓楼，并说：“王义士，你侠肝义胆，我也路见不平，拔刀相助，这两百大洋药款也当我赠给茶马古道客商解病疟。”

据赵家保留的《赵氏家谱》考证，那柯里茶马古道明朝以前便有毛路形成，光绪初年铺设石子路面。明末清初时期，那柯里并没有客栈建盖。清嘉庆二十五年（1820 年），赵氏家族祖先赵琼芝由保山沙坝村迁徙到普洱那柯里定居，以务农为生。于道光十年（1830 年）开设了那柯里茶马驿站，并建有酿酒房经营。到目前已近 200 年，赵氏家族在那柯里繁衍了 7 代裔孙。

赵家于清道光十年（1830 年）开始经营马店，到了赵联昌这一代，共有兄弟 5 人，除了老二赵德昌早逝外，其他兄弟几人都经营着马店或酒房。其中以老三赵永昌家酒房最为出名。据说他在一位过往客人的指点下，采用本地 120 种野生草药酿制而成，且每年冬季，樱桃花开时不烤酒。他家烤出的酒方圆百里都有名，是当时最受马帮欢迎的解乏之物。此酒除了能解除疲劳之外，还有养身、健胃、提神的功效。在赵家的烤酒坊，还曾演绎了一段“才子佳人”的爱情故事：

老二赵德昌去世后，老三赵永昌抚养其女赵美云，赵美云长大后爱上了在赵永昌家烤酒的长工郭丕清。郭丕清是赵家烤酒坊的长工，不光能酿出好酒，人也长得俊朗帅气。这样一段门不当户不对的爱情自然遭到了赵家的反对，但奉着“宁嫁一碗米的尖子，不嫁陈谷烂米的瘫子”的信念，几经周折，赵小姐说服了赵家长辈，终于有情人终成眷属，和郭丕清度过了幸福的一生。多年后，有一位和赵小姐同乡的女作家以此为蓝本，创作了一个跌宕起伏、发生在茶马古道旁的爱情故事，作品最终还获了大奖。只是，这一次，现实和虚幻实现了成功的错位，现实里圆满的爱情故事在女作家笔下变成了让人无比惆怅的遗憾。

“荣发马店”是那柯里历史最为久远的马店，门口一副“关山难越谁为主，萍水相逢我做东”的对联，遒劲有力、洒脱不羁，道尽了赶马人豪爽的性格和能装天下事的胸怀。

走进店里，石水缸、油灯、马驮子、铡刀、皮包、竹编包等一些当年开马店用过的物品和陈设依旧如昔，院中一块大石板上还保留着当年住店人下豆腐棋的棋盘，再现了当时马帮的真实生活场景。

李天林是这间马店现在的店主，据他听老一辈人回忆，荣发马店始建于 1831 年，在南行茶马古道上的马帮和当地都小有名气。1935 年，李天林的爷爷买下了马店一直经营到 1954 年。开马店异常辛苦，每天都得起早贪黑地为往来的马帮割草做马料，烧洗脸水洗脚水，做饭菜。因为爷爷热情好客，服务周到，荣发马店成为进驻那柯里马帮的首选。

当时，走此“赶马大道”的马帮很多，最多时店里一天到过一百多匹马。马帮驮着粉丝、面条、贡品、洋碗以及各种日用品、工艺品等经过这里南下，换回棉花、象牙、茶叶等物品。过往的马帮有大有小，大的马帮要鸣锣开道，还要敲铓来收尾，称为“公锣”和“母铓”。前边敲响清脆的“哐……”后边沉闷地回一声“嗡……”“公锣”和“母铓”一敲一回，前后遥相呼应，和骡马胸前的铜铃声一齐演奏出雄壮悦耳的马帮交响曲。既可告知对面来的马帮，不要在狭窄路段相遇，又可吓跑野兽不要来伤害人马，成为古道上一道独特的风景。

印度游客到那柯里

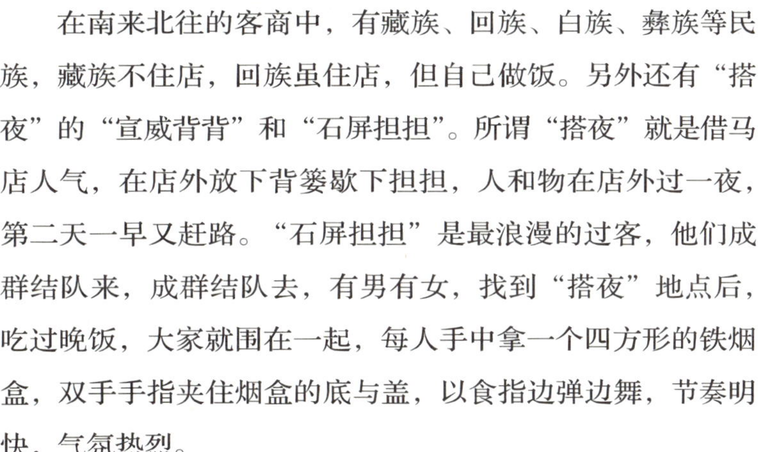

在南来北往的客商中，有藏族、回族、白族、彝族等民族，藏族不住店，回族虽住店，但自己做饭。另外还有“搭夜”的“宣威背背”和“石屏担担”。所谓“搭夜”就是借马店人气，在店外放下背篓歇下担担，人和物在店外过一夜，第二天一早又赶路。“石屏担担”是最浪漫的过客，他们成群结队来，成群结队去，有男有女，找到“搭夜”地点后，吃过晚饭，大家就围在一起，每人手中拿一个四方形的铁烟盒，双手手指夹住烟盒的底与盖，以食指边弹边舞，节奏明快，气氛热烈。

对于常年在茶马古道上风餐露宿的赶马人来说，那柯里就是他们心中的温柔乡。在河的那一端，传来了美丽姑娘深情的歌声：“赶马的小阿哥，阿妹来等着，阿哥你要快快来，快把那情话说……”在河的这一边，赶马汉子用那浑厚粗犷的歌声回应对面的姑娘：“阿妹哟你等着，阿哥放马啰，等

传承古道文化

着那太阳快快落，再把那情话说……”

这歌声带着柔情和撩人的魅力，飘荡在山间，流淌在溪畔，若即若离，含情脉脉地缭绕在驿站的四面八方。

这首歌就是在那柯里诞生并传唱至今的《马帮情歌》。歌曲以朴实无华的歌词，意味深长的意境，优美流畅的旋律，感人至深的情节被誉为云南的第二首《小河淌水》。

时光流逝，世事更迭，古道上的马帮铃声飘散在时间深处。如今的那柯里已不是曾经繁华的商贸通道，再看不到马帮进出、欢歌载舞的繁华景象，但茶马古道铭刻在这里的痕迹，早已渗入了这里的灵山秀水。

2007 年，宁洱发生 6.3 级的强地震，那柯里的民房严重受损。为了发展当地生产生活，挖掘旅游文化，宁洱县进行震后重建时，依托那柯里深厚的茶马古道文化和遗存的历史痕迹，注入了马帮文化、农耕文化、地方民族文化等元素，全力打造集古道、驿站、马帮于一体的特色乡村旅游，完成民房恢复重建、村内基础设施建设，清理修复了那柯里至普洱坡脚段 4.377 公里的茶马古道。建设了茶马古道陈列馆，水车拉风箱——千锤打马掌、驿站广场、洗马台、碾碓房、马掌提情岛、古道流溪、马跳石等旅游景点和基础设施。在党的富民政策的指引下，那柯里人依靠区位和资源优势，积极发展饮食服务业，形成了以“豆腐汤”“花生汤”和生态野菜为主打菜品的饮食服务业，为被高楼闹市困乏的城里人提供了一个休闲、娱乐、品尝生活原始滋味的好地方。在农业部开展的 2014 年中国最美休闲乡村和中国最美田园推介活动中，那柯里村被评为“2014 年中国最美休闲乡村”。

孔雀飞过的古驿站

孔雀坪，一个孔雀曾经栖息繁衍，绽开五彩羽翼的浪漫之地，成就了“顶戴花翎”的传奇，却不仅以诗意的形式存在……

孔雀坪，一个让人充满遐想的名字。

带着对这份美好的向往，我们前往孔雀坪。

沿着往日马帮的足迹，一番峰回路转，孔雀坪就在眼前：红墙青瓦的民居沿着缓缓而上的斜坡分布得错落有致，四面一片绿意盎然，三三两两的村民从田里劳作归来，沿着一条穿寨而过的青石路面，挑着担子返回家中。

“孔雀坪”又书为“孔雀屏”。曾从不同的渠道求证过此地名的来历，最有说服力的是说孔雀坪曾盛产蓝孔雀和绿孔雀，繁盛时节，常常可以在山涧里听到孔雀的鸣叫声。色彩斑斓的孔雀翎成了过往客商的争抢之物。传说清朝，朝廷曾派人在此专门养殖孔雀，从孔雀身上采集下来的孔雀翎，成为皇帝赏赐官员的顶戴花翎。

孔雀坪与顶戴花翎之间竟也有着千丝万缕的联系，这引起了我们极大的兴趣。查阅各种资料后得知“顶戴花翎”原来是清代官员的等级标志。满族入主中原，由于等级观念森严，以官员的服饰依品质、数量、颜色的不同，来区别官位的大小，不许滥用。“顶戴花翎”即官员的帽顶，官帽上的翎分蓝翎和花翎两种。蓝翎是褐翎，花翎用孔雀翎制成，是皇帝特赐插在帽子上的装饰品，有单眼、双眼、三眼之分。六品以下的官员只赏给蓝翎，五品以上赏给单眼花翎，双眼花翎赏给大官，三眼花翎则是赏给亲王、贝勒等皇族和有特殊功勋的大臣。

普洱边地距京城天朝有千万里之远，孔雀坪的孔雀翎何以从山野之物一跃成为官员帽顶的尊贵之物？细细思量颇有意味。古普洱府特产的普洱茶，沿着茶马古道，跋山涉水、不远万里把醇香带到了皇宫里。这一束束绚丽的孔雀翎不也正是随着在进京官马大道上行走的马帮，与普洱茶相依相伴，一同走进了京城天朝，成为朝廷官员趋之若鹜的稀罕物吗？

孔雀坪是个长寿之地，村里 80 岁以上的老人 10 余位。我们深信，时光在村里的老人身上留下了宝贵的沉淀。在热心村民的指点下，我们找到了几位老人。他们大多精神矍铄、耳清目明、善于言谈。在他们的记忆里，孔雀坪附近的山

❶孔雀坪茶马古道指路碑
❷孔雀坪古道探访者

2

洼里曾经有着许多大大小小的蓝孔雀和绿孔雀，一位嫁到这里近50年的老妇人说她还见过白孔雀。这些孔雀偶尔也会误飞到村子里，在引水的卷槽边、在绿油油的麦田里，都曾停留过它们美丽的身影。只是后来打猎的人多了，孔雀的鸣叫声就渐渐不再听闻。而今在宁洱的小黑江原始森林里，还可以觅到蓝孔雀和绿孔雀的踪影。“或许它们迁徙到那里去了吧。”正在心里惆怅不能亲睹孔雀的芳容时，“我这里有孔雀毛。”一位老人告诉我们，他走进里屋，拿出一大束孔雀羽毛，羽毛上落满灰尘，顶端的花翎却绚丽依旧。

于是，我更加笃定地相信孔雀坪曾是一片乐园，美丽的蓝孔雀和绿孔雀在这里栖息繁衍，却被猎人无情地杀戮，取下五彩斑斓的羽毛，进献朝廷，成就了“顶戴花翎”的传奇，留下了“孔雀坪”的诗意和浪漫。

孔雀坪是诗意和浪漫的，却不仅以这样的方式存在。

孔雀坪处于进京官马大道的枢纽位置，空间和时间的节点决定了北上至通关、昆明直至京城的马帮商旅要在此地歇息，南下至普洱、景洪直至缅甸的也必须在此停留。

在过去的时光里，孔雀坪是个烟柳繁华之地。就在那几百米长的街道上，拥有着 64 家马店，店家为过往的商旅、马帮提供吃住，为骡马提供站槽和干草，可以容纳 4000 匹马。如今这些人家的住房格局几乎都保持着原来的样子，随便进入一户人家，大致都能分出哪里是“上店”，哪是“下店”。

在孔雀坪，流传着这样一句俗话：“家家门前都有一块滑石板。”意思是说，谁也不要瞧不起谁，谁都是有点家底的人。而被隐喻为“家底”的“滑石板”就是马店的重要标志。那时，但凡开马店的人家，都会在大门前的门槛下镶上长约 1.5 米，宽约 0.8 米的青石板，以防止骡马进出门时踏坏了门前的路面。这样的“滑石板”如今在孔雀坪依然随处可见。

村里的老人告诉我们，从村口一直延伸而上的青石路面，就是驿站的街子。

街子的两旁盖满了房屋，一间连着一间，没有半点的缝隙，足可见当年的寸土寸金。这里的建筑，大都是两层檐翘角土木结构楼房，梁柱斗拱，青瓦红土基墙，门窗雕花镂空，基础用打磨方条石拌石灰镶砌。有的正门有风雨门廊，壮观气派，柱脚石或方或扁圆，雕有花纹，台阶、走廊用青条石铺设，有防滑斜纹，轻拭光滑可鉴。沿街的房屋当年大多是马店或是人店（旅社），门向朝着街道敞开，门栏上的红色油漆已斑驳脱落，在冬日阳光下毫不掩饰地透出岁月的沧桑。

鼎盛时期的孔雀坪马店、烟馆、赌馆林立，赶着马帮前往京城的，到磨黑挑盐的、到缅甸走烟商的（贩卖大烟）……来自四面八方的人们纷纷聚集在这里。那时的孔雀坪，俨然就是一个烟柳繁华的小城镇。就连行走江湖的山贼，也窥上了这一片乐土。从孔雀坪

孔雀坪四合院大门

往把边方向走 4 公里处，有一个叫五里箐的地方，那里植被繁茂，道路狭窄，常常有山贼潜伏在那抢劫财物。“要从此地过，留下买路钱”是规矩，如不执行，贼人就杀人越货。孔雀坪的小孩不听话哭闹，大人就常拿五里箐的山贼吓唬小孩，小孩马上停止哭闹。

村里 90 多岁的龙凤仙老人指着远处田野里的一大片麦子地说：“那些地方以前都是马店。”龙凤仙嫁到孔雀坪已经 70 多年，她家以前就是开人店的。

70 多年前，龙凤仙奶奶坐着大红花轿，蒙着红盖头嫁到了孔雀坪，婚后就和比自己大 6 岁的丈夫一起在这里开人店。

“人店”里住的，都是除马帮之外的出门人，挑盐的、贩布的、做珠宝玉石生意的，甚至还有很多外国人和替外国人挑东西的脚夫。那时，龙凤仙奶奶家的“人店”就建在她家今天的原址上。

在街子右侧的一块菜园边，有一间保存较为完好的马店。这是一间两层檐土木结构瓦房，过去是柴家人的马厩房，房子有20多米长，屋内进深6米，大门有2米多宽，没有门槛，方便马匹出入。进入室内没有窗子，是为了给马保暖，防止人惊扰马休息，马槽齐腰高一字排开，可以关60匹骡马。楼上堆放今年收获的苞谷，过去赶马人就住楼上。

王家马店是孔雀坪尚存马店中最具规模的。马店坐北朝南，为土木结构的老式四合院，已有百年的历史。飞檐翘角、雕花镂空的大门斗拱虽然瓦楞长草，朱颜脱色，但依然可见当年的壮观气派。两扇厚重的木门左右两边，用丹青分别描画着秦琼与尉迟恭两位门神，画像几乎铺满了整整两扇门，威严尊贵。虽然历经了百年的风吹雨打，画像的色彩依然鲜明。门栏上书有红色字体的对联，上下联已经难以辨别，只有横批“民国长春”四字还清晰可认。后来在村里人的指点下，我们才得以对全了这副对联：上联：天地间诗书最贵；下联：家庭里孝顺为先；横批：民国长春。

踏进门里，一个散发着久远年代神秘气息的院落呈现在我们面前。庭院与厅堂建造井然，又极其讲究整体的布局。陈旧的木格窗、纹饰精美但却尘埃落定的“美人靠”，还有雕着六畜兴旺的石台阶以及刻着梅兰竹菊的四棵柱石，尽管岁月磨蚀了这些庭院曾经的风采与色泽，但依旧不能湮没主人家崇尚儒学、耕读传家的历史陈韵。

听村里的老人说房子是清朝年间一王姓人家所建，这王家人本就是开马店的，为了建这所房子，王家人省吃俭用地积攒着过往马帮留下的一个个花钱，期待着哪一天攒够满满一柜子花钱后，可以请来云南河西师傅建房。日子一天天过去，就在钱柜快要满时，马店的生意却一落千丈，接连一段时间都门可罗雀，一个花钱也没收

到。眼看雨水将至，在当年建房的希望即将破灭，王家人不免灰心丧气、长吁短叹。终于，在一个月朗星稀的夜晚，事情有了转机，一队从通关下来的大马帮途经孔雀坪，住进了离古道入口最近的王家马店。住了一宿后，马帮走了，却慷慨地给王家留下了一大包花钱，装满了王家人的钱柜。王家人夙愿得偿，欢天喜地请来河西师傅盖起了这座气派的四合院，成为孔雀坪数一数二的大户人家。

看着这一间间在岁月的侵蚀中已呈古灰色的马店，孔雀坪的往日时光在时空的间隙复原：斜阳余晖中，舟车劳顿的马帮走进孔雀坪，一时间驿站里铜铃、茶香、马嘶、人声交织。马店老板热情地把马锅头引进店里喝上一杯普洱香茗，赶马的汉子们把驮满货物的马垛子卸到院场中心堆好，店小二一路小跑着过来把马匹拉进马厩拴上，在槽料里加上一层层拌有黄豆的草料。吃过晚饭，看守货物的赶马人靠在马垛

❶ 孔雀坪茶马古道

❷ 孔雀坪

子上休息，其他人则喝着烈酒谈笑风生直到深夜。第二天清晨，太阳还没露脸，辛劳的赶马人就已经在淡淡的薄雾中走出马店，悄无声息地离开了孔雀坪。

孔雀坪外来人口较多，其中以墨江人和宁洱人为多，早期有近百户人家，约 500 人。外来的居民最初大多是在古道上讨生活的赶马人和担担，他们厌倦了长期风餐露宿的艰苦生活，就在孔雀坪投宿的某一天，或是贪恋于孔雀坪的青山绿水，或是沉醉于山涧里孔雀鸣叫声，更多的是被依在美人靠上向远方眺望的少女所痴迷，就此停下了奔波的脚步，在孔雀坪成家立业、辛苦劳作，过上了平淡却安稳的生活。

91 岁的王兴老人年轻时就是一位赶马人，当我们贸然造访时，他正躺在椅子上晒太阳。他的老伴，87 岁的温沅芬抬着一碗玉米撒落在院子里，召唤着一群小鸡来吃食。早晨的阳光暖暖地照在院子里，我们坐了下来，东一句西一句地和老人拉起家常。温沅芬老

马帮向孔雀坪进发

人在一旁边听边做事情，不时插上几句。偶尔两人还会因为质疑对方的记忆而拌上几句嘴，这样的争辩每一次都会以王兴老人的一句话而告终："你哪里会有我认得。"

王兴是个有故事的老人。他的老家在通关，家里共有5个兄妹，王兴排行老大。8岁时王兴的父亲去世，那时他最小的妹妹只有两三个月，正是嗷嗷待哺的时候。12岁，王兴随着亲戚出来挑担担，沿着古道把磨黑的盐巴挑到通关去交给东家，用微薄的收入减轻母亲的负担。

挑了3年的盐巴后，已经长得高大魁梧的王兴成为一支马帮的赶马人。随着马帮，他南下最远到过勐海，北上最远到过通海。马帮的生活艰苦单调，每日两餐常常只是以一碗锣锅饭加一碗开水解决。王兴跟随的马帮只有两三个人，也住不起店，路过孔雀坪时也只是找块稍微平坦的草地，卸下马垛子，就地放马吃草。吃过锣锅饭，他们就烧堆篝火，围着货物和衣而眠。

一个在草场上放马的下午，王兴与到菜园里浇水的温沅芬相遇了，两人一见倾心。自此以后，王兴每一次路过孔雀坪，都要和温姑娘见面，一来二去，两人私订了终身。第二年春天，一穷二白的王兴带着从磨黑买来的一块盐巴，鼓起勇气走进温沅芬家，正式向温沅芬的父亲提亲。温沅芬的父亲很喜欢这个长得周周正正，看上去老实可靠的小伙子，婚事一锤定音。赶完最后一趟马，王兴入赘温家，成为温家的上门女婿，与温沅芬养育了两个儿子，风风雨雨共度了70载。

一支流传至今的情声意长的《孔雀坪情歌》，向我们讲述着这里的浪漫与多情。

阿妹哟，
头顶蓝天天无际，

大江大河试深浅。
选择一个好地方，
悄悄说句知心话。

阿哥哟，
脚踩茶山山无边，
太阳会把头晒昏。
露水淋湿妹的发，
望哥再把地方选。

出了村口，沿着茶马古道一直往前走，在古道边曾立着一块指路牌，那里便是前路官马大道与后路官马大道的分道处。再往前走数里，有一片较为平缓的小山林，在茂密的树林里，隐藏着一个小小的坟墓，里面埋葬着一只名叫“大白”的藏獒，这座坟墓也因此被当地人称为“大白坟”。与大白一起留在这里的，还有一个流传至今的传奇故事。

百年前，一支来自西藏的马帮路过此地，为首的马锅头不慎把钱袋子遗落在这里，为了守护主人丢失的钱袋子，马锅头的爱犬大白一直趴在钱袋子上不吃不喝不离开，等待着主人回来。待马锅头察觉钱袋子不见时，马帮早已走出数里，无法再返回。当这支马帮再次经过此地时，已经是第二年的春天，大白早已被饿死，腐烂的尸骨下还压着主人的钱袋子。为了纪念忠诚的大白，马锅头厚葬了大白。自此，义犬大白的故事在古道流传开来，以后每逢有马帮路过此地，都会来到碑前驻足祭奠，并给饿死的义犬留下丰盛的肉菜。

听完这个故事，我们都唏嘘不已，却又觉这样的故事似曾相识。给我们讲故事的老人说，在古道沿途，许多地方都流传着“大白坟”或“狗碑”的故事，或许在沧桑千年的古道上，类似的故事随着络绎不绝的马帮总在不断地上演。

古道马帮菜

常年奔走在横断山脉的高山峡谷、丛林草莽之中，赶马人带着对家乡味道的怀念，就地取材，创造出了一种独有风味的古道饮食文化——马帮菜。

马帮的存在和运作，在宁洱县已有上千年的历史，他们构成了一个极为特殊的社会群体。

马帮一般由“锅头”、赶马人和一定数量的骡马组成，少则几十匹，多则数百匹甚至上千匹。马帮编队一般以 5 匹驮马为一把，40 匹驮马为一小帮（即 8 把），120 匹马为一大帮（即 3 小帮）。而有几家几户的零散骡马联合起来的，开展短途季节性运输的则称为“散帮”或“拼火帮”。“散帮”的马匹数量相对有限，一般不超过百匹。

成规模建制的马帮都要选三匹健走识途的好马，组成头骡、二骡和三骡带队。头骡负责识途辨路，引领马帮，驮负贵重物品。二骡马驮的是马帮所需的急救药物，三骡马是马锅头或病号的乘骑专用。在马帮的最后，还要有一匹十分得力的尾骡。他既要跟得上大队，又要压得住阵脚，使一大串

❶❷马帮菜系——火灰干巴

马帮行列形成一个整体。它们都是马帮中最好的骡马，而且通常要求毛色一致或相近。头骡始终享有与众不同的待遇，通常头戴红缨，配上彩绸和明镜，脖子上还戴着响铃。正如《赶马调》所唱："头骡打扮玻璃镜。千珠穿满马笼头，一朵红缨遮吃口，脑门心上扎绣球。"头骡的马鞍上各插有一面马帮帮旗或商号号旗或族旗。二骡马、三骡马的装饰当然没有头骡马华贵花哨，但亦有别于一般的驮马。

"头骡奔，二骡跟"，整个马帮拉成一条长长的细线，蜿蜒在狭窄崎岖的山路上，一路浩浩荡荡，十分壮观。

在古道上赶马的人，每人都要随身携带刀、枪等工具。赶马人当中还要有人懂得各地四时节令、天气变化，要能辨别方位道路，跟各少数民族做生意，还要通晓各民族语言。要懂得骡马的性情，要会各种马帮所需的技能，诸如算账识货，开枪打仗，支帐做饭，砍柴生火，识别野菜野果和常用草药，上驮下驮，钉掌修掌，找草喂料，医人医畜，懂行规忌讳等。

马帮在运行中逐渐形成了一套严密完整的组织管理制度，全体成员按分工有不同的职业身份：大锅头 1 人，总管内务及途中遇到的重大事宜，多由能通晓多种民族语言的人担任；二锅头 1 人，负责账务，为大锅头助理；伙头 1 人，管理伙食，亦行使内部惩处事宜；哨头 2~6 人，担任保镖及押运；岐头 1 人，为人畜医生；伙首 3~5 人，即马帮的分队工群头若干人，即小组长；么锅 1 人，即联络员，对外疏通匪盗关系，对内是消灾解难的巫师；伙计若干人，即赶马人，每人负责骡马数匹不等。在人员庞大的马帮里，有的还设置总锅头一人，管理全盘事宜，实为东家代理人。另有专门驮炊餐用具、食品的马。如果是临时组织的小队伍，出发前要碰头约定各带一件炊餐用具。比如，一人带铜锣锅，一人带碗盏，一人带水桶等。

马帮人的生活异常艰苦，他们行走在险山恶水和原野丛林之间，过着摸爬滚打、朝不保夕的生活。美国著名作家埃德加·斯诺在其著作《马帮旅行》中对马帮生活有过精彩的描述："十天以来，我就是沿着这条曲曲弯弯的羊肠小道，踏着无数马蹄印，无数草鞋印，不停地走着，爬着，滑着，时而也骑着……在根本没铺过路面的地方，路上有许多坑坑洼洼，这是因为骡子往往总是踏着同一个地方而造成的，有的窟窿有一英尺深，这种路云南人叫作'梯子路'，意思是说，走这样的路，就仿佛'爬楼梯'一般。"从这些文字中足可见马帮生活的艰辛和坎坷。

马帮菜系——螃蟹煮瓜尖

"天当床，地当被，风餐露宿。"马帮在路上，大部分时间过的是野营露宿的生活。一般天一发亮就爬起来从山上找回骡马，给它们喂料，然后上驮子上路。中午开一次"梢"（"开梢"就是吃午饭的意思）。当天色昏暗下来的时候，马帮都要尽力赶到他们必须到达的"窝子"，在那里才好"开亮"（"开亮" 就是露营）。

马帮吃饭有规矩，歇梢后，不管多苦多累先是为马添料加草，让马先食，然后人才做自己吃的，以示对马的关爱尊敬。之后他们要在天黑前埋好锣锅烧好饭，卸完驮子，搭好帐篷。每天的打野开亮，都由大家分工合作，找柴的找柴，做饭的做饭，搭帐篷的搭帐篷，洗碗的洗碗，而且是轮流。

马帮吃饭有着许多禁忌。马队朝哪个方向走，生火做饭的锅桩尖必须正对这一方向，烧柴必须一顺，切忌烧对头柴。饭前忌敲空碗空筷，忌筷子直插饭食上。开饭时，马锅头坐在饭锣锅正对面，面对要走的方向。大锅头第一个添饭，添饭时平平地添最上面一层，忌讳挖一深洞。添完饭，勺子要平放，切忌翻过来。吃饭时的第一碗不许泡汤，坐下来不许脚伸直。盛完饭饭勺不能放在锅里，否则过河时马会"放鸭子"，意指马匹掉入水中。饭勺也不能敲锅边，否则会有吵架斗殴、马匹摔伤等事发生。烧火做饭，锣锅、使用的餐具不能翻扑，一翻扑就不吉利。吃饭吃得快的人，也就是第一个吃完的人只洗自己的筷子，最后吃完的人就罚洗碗洗锣锅。马帮在开饭时，不管什么人过路，定要邀请同食，即使是飞禽走兽经过，也要抛丢食物饲喂。

无论是谁，凡是不小心触犯了忌讳，就要挨一顿数落，还要罚他请客吃饭或买香火进行消灾，严重的就逐出马帮。

因为常年奔走在横断山脉的高山峡谷、丛林草莽之中，马帮生活以干菜和调味品为主，间或就地采摘山茅野菜食用，偶尔路过溪水潺潺的山箐，还可以捉上小鱼螃蟹改善生活。带着对家乡味道的怀念，他们就地取材，用劳动人民特有的智慧创造出了一种独有风味的古道饮食文化——马帮菜。

萝卜缨子腌菜是从宁洱出行的马帮必带的一种干菜，马帮人也称为干黄腌菜。

干黄腌菜多由赶马人的家人提前为他们准备好。秋冬季节，拔

回菜地里成熟的萝卜，切下萝卜，把剩下的萝卜缨子堆在一起捂上1~2天，待叶子泛黄就洗净晾干，然后细细切丝，拌上适量盐巴、辣椒面、花椒面和茴香面，再一层一层紧紧塞到洗净的土罐子里，罐沿放上罐口水，盖好盖子，一个月左右就可取出食用。

赶马人离家之前，家人必会在头一天砍回竹筒，塞上满满一筒干黄腌菜，让赶马人带着家的味道、带着家人的牵挂上路。

装在竹筒里的干黄腌菜不会起霉和变味，且极为耐吃。酸酸辣辣的味道不仅是赶马途中极好的调味品，还是许多马帮菜的作料。当满满一竹筒干黄腌菜见底时，赶马人就知道，他们返程回家的时候到了。

锣锅饭是马帮最常见也最实惠的一种主食。

每天打野开亮，捡三两个石头，支成一个简易的灶，再捡几根干柴，在这个灶里烧上一笼旺旺的火。而后在锣锅里添进大米，用山箐里天然的矿泉水淘净，加上水适量，盖上盖子，支在灶上。用大火煮了一会儿，水慢慢干了，待锣锅发出“嗞——嗞——”的干响声，将火撤去，再把锣锅取下支在火炭边慢慢烘烤，待“嗞嗞”声不响了，接着锣锅冒出白气，由“嗞嗞”声变为“呼呼”声时即可。打开盖子，一股诱人的饭香从锅里飘出，米饭雪白如珍珠，粒粒饱满圆润。盛出一碗，就着竹筒里的干黄腌菜哗哗吃下，整个山谷中都飘满锣锅焖饭浓郁的大米饭香味。

古道上规模较小的马帮大多以锣锅饭加干黄腌菜下饭。规模较大、经济条件稍好的马帮往往

❶ 马帮菜系——土锅焖肉

❷ 马帮菜系——野生苦瓜

会在米里加上土豆、腊肉、盐、胡椒粉，这样做出的锣锅饭又称锣锅烩饭，味道更加可口。不仅有米饭的清香，还搭配合理、营养均衡，能较好地补充赶马人消耗巨大的体力。

赶马人比较常吃的还有“煮腊肉一菜两吃”。主料为腊肉，辅料为干板菜、蚕豆、盐。

第一种吃法称为“马帮肉”。将腊肉皮子一面在火上烧至表皮焦黄，在清水中刮洗干净，锣锅加水放入腊肉，在火上煮到筷子能轻易穿越腊肉皮子即从锣锅里捞出熟透的腊肉切片。马帮肉的特点，肉要切成大片或大块，赶马人叫这种吃肉方法为“吃下数”，意思是吃大的，吃得实在，吃着才过瘾。

第二种吃法是腊肉汤煮干板菜。马帮肉捞出之后，在剩下的腊肉汤里放入蚕豆用文火慢熬，到蚕豆熟时放入发水切短的干板菜同熬，菜喷香时停火起锅。

行进在野外，马帮不可避免地会遭遇一些恶劣的天气情况，不便于做饭。这种时候，冲上一碗干黄腌菜汤，暖暖地喝进肚里，就是赶马人最大的享受。

做干黄腌菜汤简单便捷又开胃，仅需猪油和盐，如有条件也可加蒜、青辣椒。在海碗里放入干黄腌菜、舂烂的蒜、切碎的青辣椒、猪油、盐，锣锅烧开水直接倒入海碗，海碗盖上盖焖五分钟即可食用。

普洱府一带气候温和，物种丰富，野外就是一个天然的菜场，有着采之不竭的食材，且不同季节食谱也随之不同。只是那时缺盐少油，野菜吃起来少不了生涩苦味，却也丰富了赶马人单调的食谱。山野里的蕨菜、民国菜可以用来凉拌，野芭蕉心切丝后炒腊肉丁，香椿树上的香椿叶摘下来油炸之后也可以做一碗菜。

雨季树林里长满蘑菇，弯下腰捡上几朵，洗净后加点腊肉，就可以煮一锅鲜美可口的蘑菇汤。

在山涧里捉鱼的过程本身就是赶马人的一个娱乐项目。在清凉的河水里捉上一大碗小红尾巴鱼，捞出几只山螃蟹，再捡几个河里

长青苔的石头（石头要小石子），就可以做出两种菜式：石头煮鱼和竹筒煮螃蟹瓜尖。

石头煮鱼是最受赶马人欢迎的一种菜式。将河里捡回的石头清洗干净，小红尾巴鱼去内脏备好。锣锅放在火上放入油、盐、鲜姜，到八成热时放石头炒，放入水，待水开之后放入小红尾巴鱼，煮上片刻翻个身就可起锅。石头煮出来的鱼汤色浓白，鱼肉鲜嫩，赶马人常常吃到锣锅见底还意犹未尽。

竹筒煮螃蟹瓜尖需要的材料是螃蟹（最好是山螃蟹）、瓜尖、猪油、姜、盐。将螃蟹洗干净舂烂放入竹筒，加入水、猪油、姜，然后将竹筒放入火里煮开至螃蟹熟透，加入瓜尖，煮熟即可。这道菜做法独特，色香味俱全，橙红的螃蟹配上翠绿的瓜尖，看上去就叫人垂涎三尺，鲜美的味道更是让一些老赶马人念念不忘，回忆起来仍赞叹不已。

时至今日，走进宁洱县大大小小的农家乐，还可以品尝到这些陪伴马帮征服茶马古道的菜式，因油盐充足、配料齐全，这些菜比起往昔火塘锣锅里做出的，色相风味更胜一筹，吸引着众多怀有古道悠思和马帮情怀的食客前往，大快朵颐、乐不思返。

❶ 竹筒煮螃蟹瓜尖

❷ 红尾巴鱼

第四章
红色烙印

在思普大地45385平方千米的土地上，每一个山冈，都有一个血雨腥风的往事，每一个村落，都有一个追求太阳的传奇……为了边疆少数民族地区各族人民的自由、幸福和解放，先辈们奉献青春、抛洒热血，用信念、忠诚、执着谱写了一曲曲波澜壮阔的历史凯歌，撰写了边疆少数民族地区人民群众一心一意跟党走、坚定不移建设新家园的壮丽诗篇。

点燃革命圣火的烈士——杨正元

宁洱这块大地上，从来不缺少铁骨铮铮的硬汉，他们为了广大贫穷百姓的美好未来，把自己的生死置之度外。

1931年，宁洱（原普洱县）的冬天特别冷。早晨，院子里、草地上铺着白茫茫的一层霜，寨子里的老人说，这样的情境几十年不遇。

这天下午，杨正元来到大麓山下一户彝族老乡家，准备给这家主人画祖宗像，都已经说了好久，他一直没有抽出时间过来。

生活在六顺、宁洱、景谷一带的彝族百姓，有把自己家过世的祖宗像供在堂屋里的习惯，表示对已逝亲人的感恩和怀念。山寨人穷，请不起画师，有绘画天赋的杨正元就把自己扮成一个“画师”，背着必备的原料，和侄子杨林甲一起，走村串户为老百姓画像。杨正元跟穷人画像从来不收钱，吃住也很随意，到哪儿都跟老百姓打成一片，并且，他像画得好，这是因为他上大学时学的是遗传学，只要见一眼主人家，所画出来的就跟已经仙逝多年的祖先们很像。老百姓不懂这个道理，把杨正元看成了神。

杨正元故居

借画像的机会，杨正元跟老百姓宣传很多他们不曾知道的道理，他说：“一只蚂蚁只能抬一小颗土，几十只蚂蚁能抬动一小根树枝，成百上千万只蚂蚁呢，就能举起一棵大树。我们穷人，只有团结起来，才能够形成强大的、推翻黑势力的力量，我们才能够过上好日子。”他还不失时机地给大家讲孙中山的“三民主义”，穷人们的心中，升起了热乎乎的太阳，特别是杨正元所设想的“耕者有其田”的理想社会，让穷人心里充满了无限的希望。他们逐渐明白，天下穷人只有团结起来，手拉起手，拧成一股绳，与反动势力做斗争，才有机会抬起头来做人。于是，老百姓这样夸耀说“跟着杨老六，天天太阳出”。信心和希望逐渐在穷人心中播种了下去。杨正元觉得时机成熟了，便成立了由思想进步的人组成的“互济会”，该组织成员迅速发展起来，很快达上千人之多。

1902 年 12 月 16 日，杨正元出生在宁洱县德化乡那迁村一个叫半坡寨子的农民家庭，父母生养了六男五女，他排行第六，所以寨邻人称呼他为“杨老六”。祖上是勤奋的人，到他父亲这一代，积攒了几十亩田地、二十几头驮牛，主要做驮盐巴、茶叶、黄烟之类的民间运输生意，日子还算殷实，所以，他们家孩子都有机会上学念书。杨正元聪明好学，性格开朗，深得父母、老师、同学的喜欢。1916 年，他在家乡读完初小，考上宁洱县高等小学，之后考上云南省设在宁洱县城的第四师范学校。在这里，杨正元接触了许多进步书刊，逐渐萌发反帝反封建的思想，他和那些不满现状的同学聚在一起，成立了“读书会”。当时，五四新文化运动的浪潮势不可当地涌进宁洱这座古府，杨正元带头写白话文，光着脚板在学校走路。他们充满新意的做法，遭到学校，特别是国文老师强烈反对，杨正元和同学们做了不屈不挠的抗争。1922 年，杨正元考上昆明明德中学。两年后，他参加学校“青年努力会”，之后考入北京农业学院。他想学习更多的农业方面的知识，改变农村落后的面貌。

在这里，杨正元结识了云南的同乡、已经加入中国共产党组织的王德三、王复生、李鑫等进步青年。他们深刻地认识到，不把黑暗的军阀势力推翻，国家就不会有希望，千百万劳苦大众就没有出头之日，杨正元决心为改变国家和人民的命运而努力奋斗。1925 年秋天，杨正元加入了中国共产党。

1927 年 2 月初，因为第一次国共合作失败，国民党右翼势力重新抬头，已回到昆明工作的杨正元被国民党列为捉拿的重点对象，省特委让他秘密离开昆明。就这样，他回到了普洱，担负起思普区党的领导工作。

经过几个月的调查，杨正元向上级汇报后，确定了以宁洱和墨江为中心的工作方针，县城以手工业和小学教员为主，农村以贫困农民为主要对象，积极建立党的基层组织，开展革命工作。

为了筹集活动经费，杨正元在自己家房前屋后搭建了鸡鸭圈，养了上百只鸡和鸭，用垃圾养蚯蚓来喂鸡鸭，鸡鸭产蛋后，挑到城里去卖。这样，他积攒了一点钱，地下党所有的活动，包括党员到他家开会，吃住都是他负责。另外，他还利用在农校学到的技术，在附近的山上嫁接桃、梨、柿子，其中种植的橘子、李子最多。到现在，老百姓都在流传，杨正元是普洱山区的第一个科技带头人。

1931 年春天的一个早晨，杨正元、李晓村和从昆明来的魏嘉柏一起召集县城和寨子附近的党员骨干开会。为了防止敌人的破坏，会议地点临时定在杨正元家后面大尖山一片松树林里。杨正元对大家说：“国民党反动派对革命力量已经大打出手了，我们省委的王德三书记和其他几位同志英勇牺牲了，我们对他们最好的纪念，就是立即行动起来，用武装力量打击反革命力量，把红色的根据地建立起来，把革命的圣火高高举起来，照亮各民族人民

①② 杨正元故居

的心，狠狠地打击敌人。”经大家讨论，决定在宁洱城打响农民暴动的第一枪。这次会议，在地方党史上称之为“那迁会议”。

组织地方武装起义，最困难的，就是枪支的问题。杨正元亲自跑到宽宏、熊脚等地，找到李育青、李保甲这些地方大土豪，跟他们接触混熟后，说出自己的打算，想不到大家很支持。这些地方势力还答应，不仅在枪支弹药上支持杨正元，暴动这天，还要带着自己的队伍亲自参加。从宽宏到景谷，再到镇沅，杨正元联络好“互济会”会员，茶庵塘、秧鸡箐、肖水等几个村的农民武装已经把大刀、长矛、枪支集中起来了，只要接到命令，他们会立即赶到现场。一切准备就绪，杨正元才回家。

回到家，妻子刘惠贞对他说：“娃她爹，孩子马上满周岁了，按照本地风俗，应该给她抓周呢。”

杨正元想，也好，借这个机会，把村里人招拢来，把暴动的事情，悄悄做个动员，就对妻子说：“那，得辛苦你到街上买点菜添上才行。”

第二天，妻子收拾好，就出了家门，走下石阶，上了小路，走过大青树下。杨正元一直呆呆地看着，一种前所未有的空寂涌上心头，他的眼眶湿润了。他觉得自己很对不起这个女人。杨正元和刘惠贞是经人介绍认识的，1929 年农历四月二十八日，在县城结了婚。因为岳父已经去世，结婚第八天，他就带着妻子和岳母回到了德化，自己一直东奔西跑，家里一切都交给了妻子和岳母。自己在做什么，也从没对她们说过，可她们非常支持。家里来了革命同志，都无怨无悔地把最好吃的东西做出来。女儿永莲都一岁了，自己却很少带过她。这样一想，杨正元内疚地把趴在地上玩的女儿抱了起来。

这天晚上，女儿永莲一直在哭，杨正元和岳母怎么也哄不乖，住在楼上的魏嘉柏下来帮哄也无济于事。直到鸡叫三遍，这孩子才睡着。十分疲倦的杨正元也想躺一会，可刚迷糊一会，这孩子又哭闹起来。杨正元只好再次用背巾背起孩子，在院子里转。此时，天才蒙蒙亮。

1931 年 4 月 19 日，宁洱县城团防大队中队长徐道章受大队长张友仁的派遣，带着 40 多个团丁，跟随德化乡乡约连夜出发，于 20 日凌晨包围了半坡寨子杨正元的家。

背上的女儿突然用小脚猛蹬起来，杨正元不经意抬头一看，大吃一惊——父女连心哪！他看见地里匍匐着一群黄衣服的家伙，他们手里都持着枪。杨正元随即转身进屋，他把孩子放在床上，贴着女儿的小脸说“宝贝，听话！”永莲的哭声戛然而止。小小的永莲不会知道，这便是她与自己父亲的永别！

杨正元跑出屋，低着头，转过屋子左边的山墙，穿过一排鸡鸭棚，跳过一人多高的篱笆，准备向山后跑去。他知道，只要跑进茂密的森林，就安全了。翻过篱笆时，踩在一个石头上，他摔倒了，发出的声音吸引了团丁的注意，一个叫马有昌的小头目看到猫腰跑的杨正元，大呼道“要犯跑了！要犯跑了！”

“砰！”“砰砰……”杨正元感觉到，自己的左腿不听使唤，扭头一看，

❶❷❸ 杨正元故居展室

左腿正在冒血，他伸手去捂，血从指缝里冒出来，他咬着牙再跑，可钻心的疼痛使他慢慢地倒下了。

枪声惊醒楼上的魏嘉柏，他从床上跳下来，听到杨正元的岳母朝着楼上喊“小二，天都大亮了，还不赶快去放牛？”这是老人家叫他赶快离开的暗语，他并不知道，此时的杨正元，已经受了重伤。

魏嘉柏抓起屋檐下的一床蓑衣披上，装作放牛的样子，出了家门，一直朝六顺的方向跑去。团丁们因为抓到了杨正元，一时放松警惕。直到在杨正元家楼上看到未来得及折叠的被子，伸手摸摸，还有温度时，才猛然醒悟，逃跑了一个革命党。不过，他们怕上面怪罪下来，就没敢说出这一情况。

敌人在杨正元的家里搜查了半天，只是从谷子堆里掏出几本马克思主义的书，并没有什么有价值的文件。敌人抬着躺在担架上的杨正元准备走出家门的时候，天空突然下起星星点点的小雨，岳母从屋里找出他平时喜欢戴的毡帽，盖在他的脸上。

杨正元被关押在宁洱县的监狱里。

家人一直要求请医生给杨正元包扎治疗，看守不干。最后，给看守送了大洋，才同意让杨正元的侄子杨德新和李俊山进去看。他们带了几个三七，嚼细后敷在杨正元伤口上。可是，伤势太重，子弹还留在腿上，这点药，根本起不到作用，杨正元持续不断地发起高烧。

张友仁和杨正元是同学，还拜过弟兄，凭借这层关系，这个国民党代表胸有成竹地做起杨正元的工作，说，只要他交出宁洱地下党组织的名单，不再跟共产党干，不仅免一死，还可以给他高官厚禄。杨正元义正词严，所有来劝降的国民党反动派，都被他狠狠地骂了回去。

刘惠贞给看守塞了大洋后，终于见到了奄奄一息却得不到医治的丈夫，不禁痛哭失声。杨正元安慰她说：“不用担

杨正元烈士画像

心我，赶紧回去，回去照料好我们的孩子，照顾好我们下蛋母鸡，那是我们家的生活来源，千万要小心照顾好……”

知夫莫如妻。刘惠贞回到家，从鸡窝下的稻草里翻出了机密文件和人员名单，她把这些东西藏到腌菜罐里，在家外面的竹篷树下挖了个坑，埋了起来。

1965年，杨正元被追认为革命烈士以后，根据他妻子的回忆，找到了埋腌菜罐的地方，小心掏出来，腌菜罐还在，可由于年限太久，腌菜罐透气、透水，罐子里的文件差不多化成了泥水。

1931年4月30日，杨正元牺牲在监狱里，年仅29岁。

有人说，杨正元是因为枪伤不治恶化致死；也有人说，是被国民党挑断了脚筋而死的。

杨正元牺牲后，国民党云南省政府在一份文件上做了这样的批示：“经查，共产党要犯杨正元，因缉捕时拒捕图逃，当经团兵枪伤臀部，在押身死，确系共产党重要分子，死有余辜。”

杨正元牺牲后，宁洱城文庙里出现“打倒国民党，要为烈士报仇！”的标语；在西门山下的竹子上，有人用刀刻上醒目的“打倒军阀贪官污吏土豪劣绅大集团——国民党”的标语。杨正元放棺的北门外，每天都有人去吊唁。

杨正元是在思普大地洒下第一滴血的革命烈士，他在思普大地上点燃了第一把革命圣火。他是一盏灯塔，照亮了边疆少数民族群众的心；他是一艘船，指引无数革命者的航向。因为有了杨正元这样的革命英烈赋予了不熄的灵魂，这块土地才变得更加彤红和凝重……

勐先农民武装起义

宁洱地处边远，民族众多。特殊的地理、民族、文化、历史和社会环境，决定了宁洱革命斗争的复杂性、艰巨性，也决定了宁洱革命斗争的独特性。

无数山野村民们，无不以主人翁的态度，投身到火热的革命潮流中，为拨开一块明亮的天地而自发地站在革命斗争的最前列。

李晓村

云南省早期共产党员、思普区党组织的创始人杨正元牺牲后，宁洱城不断出现要为烈士报仇的标语，群众情绪比较激昂。当时，宁洱是“普洱殖边督办公署”所在地，管辖着包括西双版纳和临沧的两个县，是思普区经济、政治、文化中心，这里所发生的一切，对边疆地区的十几个县影响极大，所以，面对这样一股热潮，国民党反动政府格外惊慌，他们预感到，一股巨大的对抗浪潮即将涌来，于是，他们开始了疯狂的镇压。

李时（李晓村）和当时在墨江的熊文和等共产党员都认为，对杨正元最好的祭奠，就是迅速团结起广大的农民兄弟，加快农民武装起义的准备，完成杨正元同志未竟之业；否则，将会影响各族群众已经被杨正元等革命同志点燃的革命热情，也不能给国民党反动派以打击。

事实上，为了此次武装起义，他们已经做了大量的准备工作，比如说，掌握了一批武器，团结和动员了大批的农民群众。罗有贞、罗承美等共产党员还在积极地宣传和动员群众：一支明子光亮太窄，一盏油灯只豆光大，但荒坝上千千万万的萤火虫聚在一起，也会把前面的大路照亮堂！一种要改变自己命运，做天下主人的理想鼓舞着穷苦百姓。他们决定，武装行动先从宁洱县的勐先打响，来个后院起火。勐先一动，乡里的团总肯定要到宁洱县城搬兵，敌人从城里出来，就在山口设下埋伏，搞个人仰马翻。事实上，这个组织对敌斗争的经验严重不足，队伍的组成非常不规范，武器也严重不足，只可惜，谁也没有冷静下来，做一番认真的思考，这为后来的行动埋下了隐患。

1934 年 3 月 18 日，等雅、普义、勐先、同心等地的起义互济会员合计达 200 余人，他们从四面八方汇集到了勐先回龙寨草皮街的胡灿林家，起义军脖子上系着一块白毛巾作为标记。这一天，他们正式成立了自己的队伍，选出了罗有祯和罗承美为起义军的领导者。

推翻国民党反动政权的农民武装起义在这里打响了第一枪。

起义军的口号是："杀官安民，打富济贫"；"有钱的不消喜欢，无钱的不要气馁，没有吃的跟着我们去"；"上等之人是敌人，中等之人莫管闲，下等之人搭伙来过年"等等。

起义开始后，等雅、普义、熊脚、宁洱城郊的广大农民积极响应，队伍很快发展到 500 多人。4 月，起义军从回龙寨、太阳村出发，直捣江城县勐野井，并大获全胜。之后，队伍撤到黎明乡等雅团山寨休整。这时的队伍已发展到千余人，但队伍中人心不齐，素质参差太大，凝聚力不强等不足也日益暴露出来。

勐先农民起义震动了国民党省政府。5 月，云南省国民党主席龙云下令对勐先农民武装起义进行围剿。

6 月 4 日，起义领导者罗有祯、罗承美被暗杀，整个队伍顿时陷入困境，群龙无首，溃不成军，起义军才意识到，罗有祯一再讲过的要团结、要捏成一个拳头是多么重要，可是，已经晚了，起义失败。

起义军失败后，剩余的人被化整为零，继续同国民党做斗争，但基本

上形不成什么大的气候和影响了。

星星之火可以燎原。勐先农民武装起义虽然失败了，但它是在云南地下党遭到破坏、革命处于最低谷、思普区地下党在失去了上级党组织联系的情况下，发动并组织领导的一场武装斗争。它是中国最边远角落的少数民族地区发生的一件大事，其范围之广、参加起义人数之多、影响之大，在边疆历史上少见。此次武装起义严重地动摇了国民党反动派在云南的统治，尤其是在少数民族地区的统治，为云南地下党领导武装斗争提供了宝贵经验，被列为西南地区土地革命时期著名的38次武装起义之一，载入了西南军事史的光荣史册。

❶ 解放普洱

❷ 革命火种

❸ 勐先暴动地点——回龙寨

红色古镇

磨黑，是思普地区革命的摇篮。是无数烈士用坚强的信念和热烈的身躯，把这片土地装点得如此丰饶、如此娇美。是各族人民用追逐太阳的脚步，把这片疆土夯实得如此坚强，如此秀丽。

从磨黑古镇的十字街路口往北走，就到被命名为“云南省爱国主义教育基地”和“云南省国防教育基地”的磨黑中学。在这两块匾上，镌刻着磨黑儿女用青春和热血铸就的风采，这是一块被鲜血染红的热土，作为思普区的革命摇篮，革命斗争的星星之火正是在这里点燃的。这里培养出了大批民族解放事业的精英骨干，为滇南人民的解放事业做出了卓越的贡献。

以盛产盐闻名的磨黑，经过 200 多年开采经营，到 20 世纪 40 年代初，已成为滇南经济繁荣的著名盐井区。经济的发展，要求相适应的教育，当地原有的一所小学已满足不了灶家、商贾和乡绅培养子女的需要。1941 年，由灶家首富张孟希出面，筹建磨黑私立中学，成立董事会，张孟希任董事长。同年秋天，董事会派人到昆明招聘教师。

当时正值皖南事变后，国民党顽固派掀起第二次反共高潮。

❶“磨黑中学缅怀革命烈士”雕塑

❷“磨黑中学缅怀革命烈士”雕塑落成揭幕仪式现场

❸曾庆铨、蒋仲明烈士牺牲 60 周年纪念大会

西南联大党组织在中共云南省工委的领导下，根据党中央“长期埋伏，积蓄力量，以待时机”的方针，派共产党员吴子良、董大成到磨黑中学任教，以教书为名，发动群众，开展武装斗争，建立革命根据地。

1941 年 10 月，吴子良、董大成到达磨黑中学。在教学中，他们既向学生教授文化科学知识，又传播进步思想，启发学生的爱国主义和抗日救亡的思想，并以学校为中心开展革命活动。

1943 年春，被任命为校长的吴子良到昆明聘请教师。他动员施载宣（萧荻）、许冀闽、郑道津等进步青年到磨黑中学任教，同行的还有张孟希重金聘请的云大著名教授、国学大师刘文典。3 月，中共党员陈盛年、黄平、卢华泽和进步学生于士奇、刘希光、钱宏、刘和燮应聘到磨黑中学任教，紧接着，马识途、曾庆华、曾庆铨、蒋仲明、茅以宽也受聘到磨黑中学。同年，在学生中建立了秘密组织——“社会科学学习小组”和公开的学生自治会，发展成员，并办了《新生》《十字街头》等壁报。开始，张孟希对革命还算支持的，他对自己学校内部的老师开展地下党工作睁只眼，闭只眼，采取不闻不问的态度，所以，革命力量得以迅速发展。1946 年，中共云南省工委在磨黑中学建立思普特支，陈盛年、潘明、曾庆铨等先后任特支书记，领导思普区所属的宁洱、思茅、景谷、镇沅、江城、六顺、墨江、宁江、车里、佛海等 14 个县的革命工作，形成了以磨黑中学为中心的革命根据地，为后来思普特支的建立打下牢固基础，被称之为思普区的“小延安”。

1947 年元旦，思普支部成立了“思普区中小学教师联谊会”，并在磨黑老街子举办培训班，宣讲新民主主义知识，发展党员。革命的烈火在磨黑熊熊燃烧，就连磨黑街道上挑柴卖菜的老百姓都知道，在遥远的西北，有叫毛泽东和朱德的，他们正在领导广大人民群众推翻黑暗势力，要建立一个人民拥有权力的新中国。一首老百姓自编的向往美好生活的歌曲《山那边好地方》在磨黑到处传唱。

山那边呀好地方，
一片稻田黄又黄，

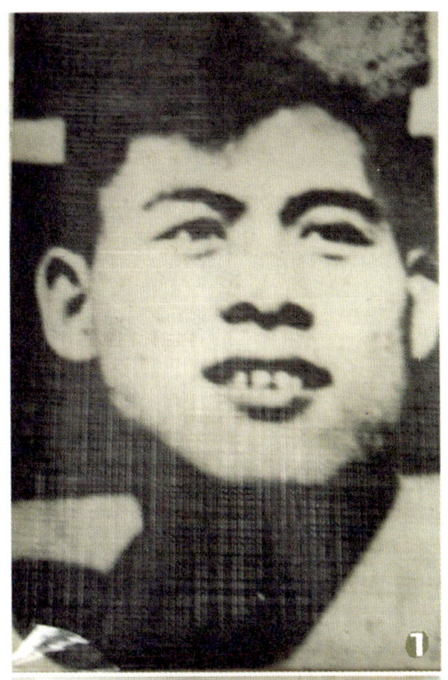

大家唱歌来耕地呀，

万担谷子堆满仓。

……

老百姓呀管村庄，

讲民主、爱地方，

大家快乐喜洋洋！

国民党磨黑盐矿的特务察觉了地下党的活动有势不可当的趋势，便向国民党中央发了电报。1947 年 2 月 28 日，国民党政府向时任云南省主席卢汉发来了由蒋介石签署的电报："昆明卢主席鉴，兹抄发滇南普洱私立磨黑中学中共分子活动情形一件，希核办。中正。"

收此电报，卢汉吓坏了，立即批示"如拟，照办。并令知该专员，如果确属共党分子，即可将全数共党分子集中护送来昆，转送重庆"。

卢汉所发的这个电报很快由县里传到张孟希手里，并要求张孟希在 3 月底把磨黑中学共党分子的名单交到县里。

其实，从 1947 年 3 月 19 日中共中央撤离延安后，张孟希就认为，共产党员就要被蒋介石吞下，靠共产党员过上日子的把握性不大了。加上上面不断施加压力，他便翻了脸，对磨黑中学地下党员和进步教师的立场来了个一百八十度的大转弯，磨黑的气氛顿时紧张起来。

1948 年 6 月，磨黑便成立了思普区军政委员会，张孟希任主任（那时的张孟希对开展革命工作的态度还比较热情），曾庆铨任副主任，蒋仲明任政治委员。曾庆铨还有个鲜有人知的职务：中共思普特支副书记，其实这才是他待在磨黑的真实目的——以磨黑私立中

❶ 曾庆铨

❷ 蒋仲明

1

学为中心，开展革命工作。8月，思普特支派聂显翰到普洱，途中，他得到一个消息：国民党中央军93师要从车佛运一批武器，经普洱、景谷，到昆明，他赶紧把这一消息向曾庆铨做了汇报。当时，革命工作开展到最关键时刻，大批的革命志士团结在一起，决心为推翻黑暗势力不懈努力，却严重缺少枪支弹药。曾、蒋老师和中共思普特支其他成员在西萨和通关武装截枪，并打死了企图反抗的一名税警队长和几名押运士兵。

截枪事件震惊了国民党政府，立刻派人到磨黑恩威并施，9月16日，受到加官厚禄诱惑的张孟希以召开会议之名，关押了曾、蒋老师。

中共思普特支经几次商议后，决定武装营救曾、蒋老师，就连云南省讨蒋自卫军第二纵队司令员刘宝煊也不顾个人安危，从元江赶到磨黑，和张孟希进行谈判要求放人。

张孟希撒谎说，对曾、蒋老师只是暂时拘捕，只是应付上面的压力和检查，等事情过后一定放人，并多次信誓旦旦地保证：绝不会伤害曾、蒋老师。事实上，张孟希在暗中一直以曾、蒋老师为筹码，和国民党进行讨价还价，等待国民党更大的封赏。

半个月过去了，曾、蒋老师担心地下党的同志以武装斗争的形式营救他们，这会给力量还非常薄弱的革命党造成很大的损失，便通过探望的人员把消息带给地下党组织：张孟希的部队比我们强大得多，现在的局势是敌强我弱，不能让外面的同志们冒这个险。武

装营救会导致更多的牺牲，我们两个不怕死。如果张孟希敢杀了我们，就说明他彻底叛变革命了，用我们的鲜血撕开张孟希的丑恶嘴脸，也让那些执迷不悟的人们看看，共产党的信念是坚定不变的！

为了不走漏风声，引起不必要的麻烦，张孟希于 1948 年 10 月 12 日凌晨 4 点下达了秘密枪杀曾、蒋老师的命令。

天亮了，在磨黑以南小河边的沙滩上，曾、蒋老师的身体紧紧地挨在一起，曾庆铨仰面向天空，两只眼睛不屈地睁着。蒋仲明也同样愤怒地睁着眼，左手抓着一把沙，右手抓着拳头大的石头，仿佛要把它投出去。两位烈士身边的沙土被染得一片殷红，初升的太阳把一道灿烂的霞光覆盖在他们的身上，像一面五星红旗在起伏着、抖动着。

这一年，曾庆铨 24 岁，蒋仲明 23 岁。两个年轻的生命倒了下去，倒在黎明前的黑暗里，倒在了磨黑这块咸涩的土地上。曾、蒋老师的血，洗亮了革命者的眼睛和头脑，墨写的谎言，掩盖不住血写的事实，掩盖不住生命谱写的真理。从此，星火燎原，磨黑乃至思普区的土地，变得厚实而沉重。

1997 年中共云南省委、省人民政府命名磨黑中学为“云南省爱国主义教育基地”。1997 年中共宁洱县委、县人民政府决定，在磨黑中学建成立革命历史陈列馆并对外开放。2005 年云南省人民政府命名磨黑中学为“云南省国防教育基地”。

❶ 曾庆铨、蒋仲明墓碑
❷ 1949 年前的磨黑中学
❸ 张培英

誓言永恒

1951 年元旦，300 多位少数民族土司、头人代表及党政军领导在宁洱红场剽牛立誓，其中 48 位代表的名字，被镌刻在一块不朽的石碑之上，这块石碑，被誉为“新中国民族团结第一碑”。

半个多世纪的霜冻日灼，民族团结碑的容颜未改；半个多世纪的风吹雨打，民族团结碑的风骨不衰。当年的铮铮誓言，至今依旧荡气回肠，以它卓然而立的风采，向我们讲述着那段激情燃烧的岁月，以及背后的动人故事……

新中国成立初期的普洱专区，管辖着现在的普洱市、西双版纳州和临沧市的沧源佤族自治县的 26 个少数民族。民族众多，辖区辽阔，各民族之间的经济、文化、生活习俗差异极大，加上封闭落后，民族之间有很深的隔阂，他们互相仇视和残杀，帝国主义利用宗教进行文化渗透，传播崇洋恐美思想。逃到境外的国民党残匪，趁机不断入境扰乱，内外勾结，发动武装叛乱，边境局势纷纭复杂。

为正确贯彻党的民族政策，增进边疆各民族对祖国的了解，消除民族隔阂，增强民族团结，1950 年 8 月，普洱地委按照党中央的要求，动员了 43 名各民族的土司、头人和代表组成普洱区赴京国庆观礼团走出边疆，到北京参加中华人民共和国成立后的第一次国庆盛典。

民族团结誓词碑

代表们受到毛泽东等党和国家领导人的亲切接见，毛主席还给少数民族代表赠送了毛呢衣裤等礼物。

观礼结束后，少数民族代表团还到上海、武汉、重庆等地参观学习，感受到了祖国大家庭的温暖……四个月的观礼学习，每一位代表的思想觉悟都有了极大的提高，他们可以用汉语进行简单的交流了，他们相互尊敬，彼此关心，彼此友好，不再彼此猜忌和防范，亲密得像一家人，对明天充满了无限的憧憬。

带着党和毛主席的关怀和信任，代表们回到了普洱。

对于代表们来说，这次赴京，是一次心灵的长征。这次经历，让他们对中国共产党领导各族人民建设社会主义新中国有了初步的认识和了解，明白了只有团结才能发展，才能过上幸福生活的道理。

12 月底，来自全区 15 个县的 26 种兄弟民族（含支系）的头人、首领、酋长、代表及地方党政军领导代表共 300 余人参加的“普洱区第一届兄弟民族代表大会”在专区所在地——宁洱县召开。到会代表一致表示要相信和拥护共产党、毛主席，要搞好民族团结，发展生产，保卫边疆。进京代表都没有回家，直接参加了这次会议。会上，党政军领导非常认真地征求代表意见，希望大家提出一种表达民族团结、永不变心的好方法，铭记此次大会的召开。因进京观礼而思绪万千的拉勐和李保当即提出：按照佤族的风俗习惯，搞一次剽牛盟誓。

这个提议，得到代表们的热烈赞同，他们一致推荐拉勐作为本次盟誓的剽牛手。

1950 年 12 月 26 日，盟誓大会在普洱红场举行。

在佤族的风俗里，剽牛有非常复杂的程序，其中最重要的，是要看被剽后的牛头倒的方向。如果牛头倒向南边，那就是吉利的；如果牛头倒向北边，就证明这次盟誓是失败的，以下的各项活动就不能再继续进行。

一头经过精挑细选的膘肥体壮的水牛被拴在红场中间。在热

❶2006 年 6 月民族团结园被国务院批准为全国重点文物保护单位，同年被国家民族事务委员会批准为全国民族团结进步教育基地

❷2008 年 9 月 19 日在民族团结园举行《我们的太阳》首发仪式

烈奔放的木鼓声中，拉勐手握剽抢，在壮牛四周转了几圈，细细地打量一番后，举起剽抢，娴熟地向牛的要害部位戳去。人们屏住呼吸，目不转睛地看着这头壮牛：只见它像喝醉了酒似的，围绕着树桩转来转去，转来转去……终于，它倒地了，而且，牛头朝向南方，完全符合人们的期望！顿时，满场雷动，人们兴奋得手舞足蹈，拉勐更是滚倒在地，兴奋不已地翻来覆去地打滚，嘴里高叫着：“好了，好了，太好了！”

场内的佤族群众高呼道：“共产党猛、猛、猛！”

“毛主席猛、猛、猛！”

傣族群众则欢呼：“共产党水、水、水！”

“毛主席水、水、水！”

台上台下一片欢腾，宁洱红场成了欢乐的海洋，幸福紧紧包围着在场的每一个人，灿烂的阳光下，人们的脸上都挂着喜悦的泪花。

接着，经过组委会的共同商议，写成了流传千古的“团结誓词”：

“我们26种民族的代表，代表全区各族同胞慎重地在此举行剽牛、喝咒水活动，从此，我们一心一德，团结到底，在中国共产党的领导下，誓为建设平等自由幸福的大家庭而奋斗！此誓。”

推选出来的48位代表一一上前去，在桌子上的一块红布上庄重地签下了自己的名字，随后，刻石立碑，歃血盟誓。

在人们的欢呼声中，李保提着一只红公鸡来到会场中心，工作人员抬着一桶清水放在李保的身边。李保对着清水念起咒语：“今天是个好日子，我们普洱区的民族代表集中在这里，天看着我们，地看着我们，我们要将自己的血、鸡血和酒融在一起，赌咒发誓，表达心愿，喝了碗里的水之后，对自己说的话要遵守，谁也不能违背。”说完，从腰间抽出一把锋利的匕首往公鸡的脖子上一抹，鲜红的鸡血滴进装有酒的大碗里，李保再用匕首划破自己的拇指，让自己的血和鸡血一起融进酒碗里。

李保端着这碗血酒，来到主席台前，主席团所有成员都划破自己的手指，滴滴鲜血带着每一个人的忠诚和心愿融合在酒碗里。之后，拉勐把碗里的血酒倒进念过咒语的水桶，血酒和清水马上融汇在一起，阳光照射着这桶淡红色的咒水，折射出七彩的光芒，反射在代表的脸上，他们的眼里，满含坚毅和希望。李保舀了一碗，自己带头喝了一口，然后，递给拉勐。这只大碗就这样在人们手中传递下去。接过这个碗，就如同接过了一座山、一条河，接过了永恒的誓言。

48位代表喝完咒水后，举手和在场的所有代表一起宣誓：

我们26种民族的代表，代表全区各族同胞慎重地在此举行剽牛、喝咒水活动，从此，我们一心一德，团结到底，在中国共产党的领导下，誓为建设平等自由幸福的大家庭而奋斗！此誓。

铮铮誓言，随风飘散开来，在古城宁洱上空回荡，在巍峨的普洱山上回荡。

这块石灰石做成的石碑，高142厘米，宽66厘米，厚12厘米，碑首为仿宋楷书“民族团结誓词”，下为誓词及各民族代表用自己民族文字写的签名，碑文包含汉、傣、拉祜文，全阴刻。

在民族团结誓词碑的鼓舞下，当年参加立誓的党政领导和民族上层人士都经

再现剽牛

受了无数次血与火的考验和锻炼，甚至付出了宝贵生命，他们始终没有一个人背叛自己的神圣誓言。赴京代表——傈僳族头人李保，为了维护民族团结和边疆巩固，在敌人面前临死不屈，光荣牺牲；澜沧永安区区长李扎迫（拉祜族），临死不忘民族团结；佤族代表岩火龙，用年轻的生命表达了对党的深情和团结对敌的决心。方有富是当时宁洱县唯一的签名代表，1930 年生，哈尼族，现家住宁洱哈尼族彝族自治县宁洱镇谦岗村蚂蟥田寨，县级政协委员，享受离休待遇。60 多年来，他时刻坚守当年的誓言，并多次以活生生的教材教育后人：只有团结一心跟党走，才是我们各民族过上幸福生活的唯一选择。

“民族团结誓词碑”原立于普洱红场，1985 年，成立普洱哈尼族彝族自治县，将此碑加了碑框和碑座后移到了县人民政府大院。为了更好地发挥它的作用，2001 年元旦，在“民族团结誓词碑”建碑 50 周年之际，新建了“民族团结园”，将此碑移到园中。

民族团结唱新歌

民族团结誓词碑是边疆少数民族地区的定海神针，长期以来各民族群众遵守和践行誓言，成为民族团结的典范。

历史的经验反复证明，民族团结是人民之福，民族分裂是人民之祸，民族团结始终是改革发展的重要保证，是实现中国梦的重要前提。

民族团结誓词碑是新中国建立初期，中国共产党的民族政策和统一战线政策在边疆取得伟大胜利的见证，是具有重要历史价值和爱国主义教育价值的革命文物。它是在中国共产党的领导下实现民族平等、团结、友爱、互助的新型的社会主义民族关系的历史见证，它标志着新中国成立之后，各民族人民在中国共产党领导下一种崭新民族团结关系的开始，是我国民族工作成功的典范，是云南各民族人民团结一致、爱国爱党的结晶，是边陲重地各民族一心向党，巩固边防的镇边宝鉴。

在宁洱人心中，民族团结誓词碑是一座巍然屹立于心灵之巅的不朽丰碑，60 多年来，它矗立在普洱大地上，屹立于祖国西南边

陲，沐浴着日月光华、历经风霜。它不仅是普洱市，也是全省各族人民用鲜血和汗水筑起的一座丰碑，它真实记载了边疆各族人民团结一心紧跟中国共产党走，创造幸福大家庭的伟大历程，谱写了各族人民和睦相处，团结奋斗，建设家园的辉煌篇章。

民族团结誓词碑是太阳，它温暖着各族群众的心，照亮了大家携手迈进幸福生活、不断前行的道路，碑上的铮铮誓言，早已化作了神圣不可动摇的民族精神，成为推动地方经济社会和谐发展的动力。

1993 年宁洱民族团结誓词碑被云南省人民政府公布为“省级文物保护单位”；2003 年被云南省委、省人民政府公布为“第二批爱国主义教育基地”；2006 年 6 月被国务院公布为“第六批全国重点文物保护单位”，同年的 8 月 17 日被国家

❶ 建碑 60 周年纪念大会现场

❷ 在民族团结纪念日，宁洱各族群众跳起欢快的团结舞

❸ 在民族团结纪念日，宁洱各族群众举行喝咒水重温誓词活动

民委命名为“全国首批民族团结进步教育基地”，而且“民族团结誓词碑”一事也已经载入了《中华人民共和国民族工作大事记》，经有关方面的多方考证，被称为“新中国民族团结第一碑”“新中国民族工作第一碑”。

2009 年宁洱哈尼族彝族自治县人民政府被国务院授予全国“民族团结进步模范集体”荣誉称号、县民族宗教事务局获省级“民族团结进步模范集体”光荣称号，一批民族团结工作者获国家、省、市、县表彰。

2

3

第五章
风情宁洱

湛蓝的天空，苍翠的森林，广袤的土地，淳朴善良的各族人民，多姿多彩的民风民俗……宁洱的美，在山、在水，在日出星闪的瞬间里，在老汉的水烟筒里，在年轻人“三跺脚”的歌声中。

雾霭里的神秘村庄

绵延的群山，水自天上来，雾绕半山腰，寨子依山而建，葱翠怡然，远远看去，犹如浮动在山水云雾间的一个神奇之地。

这是一个从山川河谷走出的民族，这是在神庇护下诞生的民族文化……

在勐先镇宣德村，有一个叫蚌扎的哈尼族小村庄，如同一个静谧而古老的世外桃源：绵延的群山，水自天上来，雾绕半山腰，寨子依山而建，葱翠怡然，远远看去，犹如浮动在山水云雾间的神奇之地。在这里，神灵的气息无处不在，神灵的庇护无处不有，即便是一个外来者，置身在这样的环境中，对自然和神灵也会情不自禁地勃发出虔诚的情愫来。

在久远的年代里，蚌扎人的祖先随着自己的部落，从遥远的青藏高原来到澜沧江、红河流域，从大草原上的游牧生活到北回归线上的稻作民族，他们战胜重重的艰难险阻，坚持不懈地完成了苍茫大地上的跨越和生产生活方式的蜕变。

按照“吃肉在山头，种田在山下，生娃娃在山间”的族训，蚌扎人把寨子建在一个开阔、向阳的半山腰。寨子的四周有平缓的山包，这是寨子的“扶手”，寨头的山包上有茂密的树林，这是寨

子的保护神——竜林，而寨脚的小山包，则是寨子的“歇脚”处了。

每年农历六月二十四，是哈尼族“苦努节”，寨子里男女老少穿上节日盛装，举行隆重的庆祝活动，其中，最有特色的，要数“祭竜”了。

首先挑选膘水好的黄牛，作为祭竜的重要祭品，与主人谈好价钱后，按寨子里的户数平均分摊购牛钱。农历六月二十三这天，寨子里的男劳动力集中起来宰牛，由竜头带着自己的弟子一起，把饱满肥硕的牛头放在一个大簸箕上，非常虔诚地、小心谨慎地抬进竜林里。寨子里的女性，无论老少，统一穿上哈尼族服装，手里抬着酒、米、茶、盐巴等祭祀物品，唱着哈尼族祭竜歌，把竜头一行送到竜林边。歌声整齐、悠扬，即使再多的人在吟唱，抑扬顿挫都把握得十分准确：

“万能的竜神啊，您是我们世世代代哈尼人的保护神，今天，我们来祭祀您，带着大大的牛头啊，带着酒、茶、米、

哈尼寨子——勐先蚌扎

盐巴来祭祀您，您要庇护我们所有的人身体安康，保佑我们风调雨顺、六畜兴旺、五谷丰登啊，保佑子子孙孙越来越兴旺，日子越过越红火……"

歌，就这样重复不断地唱着、唱着。到竜林边后，妇女们回转，因为，女性是不能进竜林的。竜头把燃着的香插在竜树前，带领弟子一起磕头，口里开始念祈祷的言语：

"万能的竜神啊，您是我们世世代代哈尼人的保护神，今天，我们来祭祀您，带着大大的牛头啊，带着酒、茶、米、盐巴来祭祀您，您一定要庇护我们哈尼寨子所有的人身体安康，保佑我们风调雨顺、六畜兴旺，保佑我们五谷丰登，年年有余……"

在家的男人们则把黄牛头之外的所有的部分，平均分到每一户农家，就连一根肠子，都必须平均分配。各家各户的女人在这一天还必须做出一桌丰盛的菜饭，祭祀自家过世的老祖宗。

六月二十四这天，清晨8点以前，各家各户的男主人带着自家的酒、米、茶和盐巴到竜林里祭竜，代表的是自己家的一片心意。二十五日，妇女们再做一桌饭菜，送走自己家的祖先。前后三天的

勐先蚌扎哈尼祭竜活动

祭竜活动，是哈尼族人最热闹的节日，三朋四友以及外族人都来凑热闹，现场体验哈尼祭神的神秘气氛，也是寻求神灵的庇护。这三天里，哈尼人不使用刀、锄等铁器制作的器具，只有这样，竜神才能保佑自己和家人一年四季安全、吉祥。

在哈尼族中间，流传着这样的故事：人和鬼本是一家，和睦共处无数个世代，某日，鬼和人发生争执，谁也不服输，最后，只好分家立户。以包剪锤的方式推选出首先选择居住地面者，人运气好，获得了优先权，便选择在阳间，鬼就只能在阴间生活了。阴间的鬼，一年四季见不到太阳，永远生活在阴冷潮湿的地下，人类则时刻享受太阳的恩泽。上帝为了弥补对鬼的愧疚，就赏给鬼一个特权：随时随地可以监督人间的生活和表现，鬼不高兴的时候，还会弄点小波折折磨人类，人为了不让鬼看见自己的行动，就穿上自制的黑色衣裤。从此，鬼见不到人了，人也见不到鬼。黑色，就成了哈尼族服饰的主色调。

蚌扎哈尼人种植棉花，自己纺线、织布、染布、缝衣服已经有上千年的历史。哈尼男子多穿藏青色或深蓝色棉布对襟上衣和大裤裆折腰裤，青布包头。女性服饰则要复杂得多，主要有包头、外套、胸衣、围腰巾、腰带、绑腿布、花布鞋等等（已婚与未婚的哈尼女人的服饰是不相同的），服饰中最为漂亮的是以蓝黑为主色调的外衣，上面点缀红、蓝、黄、白等各种手工刺绣的各种图案和花纹，还佩戴着各种银链、手镯、古币、针筒、溜包、手巾、挖耳等手工艺品，走起路来哗啦哗啦直响，犹如优美动听的歌舞。哈尼妇女外衣上的溜包是用棉花、糯米茶包装起来的，溜包有的像心形的，有像葫芦的，绣着“哈尼情”字样，别一番韵味。

哈尼人过日子精打细算，他们善于把猪肉、牛肉制成别具风味的火熏腊肉和干巴，常年储备以待客。卤制时，将肉切成条状，撒上花椒面、盐、八角粉等香料，捂沤一昼夜后，便悬挂于火塘之上，任其烟火熏烤，半月或一月后，腊肉和干巴均呈紫红色，喷香异常而略含鲜味，取下装进一只特制的大篾笼中，悬挂屋梁上，一年四季都可吃。

蚌扎人以大米、玉米为主食，喜欢吃酸、辣食品，善腌酸菜。逢春夏季节，哈尼人无论上山下河，总要随手采把野菜野果带回家，调制成别致风味的野菜肴。用餐时必不可少的是带酸辣香味的“蘸水”，多用薄荷、香椿、葱花、香草、芫荽、姜、蒜、辣椒等调制而成，每菜必打“蘸水”才进口。

哈尼族嗜酒喜茶，先敬酒后喝茶才是哈尼人的待客之道。宴请办席则以长街宴最为著名。

蚌扎哈尼人淳朴、实在，无论世事如何更替变幻，他们依然宠辱不惊地守候着自己的家园，说纯正的本族语言，唱自己民族的歌谣，穿自己制的哈尼族服饰（即便是娶进的外族人，很快就会被同化，变成一个地道的哈尼人），过从祖先那儿流传下来的日子：种茶、种田地、养殖鸡猪牛……这是一种对本族精神文化的继承和守候。

其实，任何一个民族心目中都有自己所敬仰的神灵，那是他们精神世界的最大支柱。

神在天上，神在心里！

❶ 哈尼服饰记忆

❷ 哈尼敬茶歌

宁洱之巅——干坝子大山

山不在高，有仙则名；水不在深，有龙则灵。

干坝子大山，因为海拔高，风景秀丽，接天连地而成为众人心目中的圣山。

干坝子大山位于宁洱县梅子镇西北部，距宁洱县城56公里，距梅子镇政府驻地20公里，主峰海拔2851米，是宁洱县的最高山峰，亦是宁洱县海拔最高点。

进干坝子大山，第一站是永胜村纸厂小组，随意走进一户竹林间的农家，都能感受到主人家骨子里的淳朴，他们不懂过多的礼节和待客之道，几句简单和生涩的寒暄过后，端到面前的，要么是一壶暖人心的热茶，要么是一杯祛风寒的烈酒。

来到纸厂小组，就算走进了干坝子大山的山麓。这是个被茂密的滑竹林包围的小村庄，风声在竹林间，时而穿梭跳跃，时而萦回缭绕。因竹多，多年前办过纸厂而得名纸厂小组，以竹派生出的腌竹笋、干笋及各种新鲜的笋子，是上帝给这个寨子最好的馈赠。

干坝子大山面积5平方千米，其山峰、山脊多为茅草，尤其是半山腰上的大草场，无人不拍手叫绝。周边没有高大乔木，每逢隆冬时节，灰灰白白一片仿佛草原苍莽之色，形如干涸的坝子，故得名干坝子大山。

这片干坝子草场，地势平坦，茅草肥沃，是放牧的绝佳天然草场。一条清澈见底的小溪，终年从干坝子草场中潺潺流淌而过，是牛和野生动物们赖以生存的水源。溪水的下游一直延绵到山麓的永胜村，涓涓的细流汩汩流淌，日夜不停地灌溉着永胜村的田园，年复一年唱着动听的歌。

险峻高耸的干坝子大山就像一位无所畏惧的硬汉，镇守在宁洱县的北大门，形成一道难以逾越的天然屏障，阻挡住了冬季北来的寒流，造就出宁洱县四季如春的独特气候环境。

其实干坝子大山更像一部精良缜密的机器，兼顾和统筹

县干坝子大山调研组向最高峰进发

着多种动植物协调发展，确保这里生机勃勃的生态轮回。植物主要有蕨类、龙胆草、黄连、高山栎树、杜鹃等，野生动物有野猪、豹、麂、猴、穿山甲、鹦鹉、画眉等。

沿途攀石径、登陡坡、翻梁子……登山的道路狭长，道路两旁古树丛生，穿越草树林荫，近看古树藤蔓，树龄大多在2000年以上，树干奇异、粗大，三四个汉子手拉手才能合围。有的古树老得已经横躺在地上，树皮和树枝早已化作沃土，只有千疮百孔的树干，见证着岁月和历史的沧桑。活立着的古树上衍生着许多奇形怪状令人遐想的寄生植物，灰白色的朝一个方向披在树上，像大仙的胡须；暗褐色的工整有序挂在树间，如蜘蛛网；翠翠绿绿包裹着树干的，与溪边的苔藓无异。在各种寄生植物的装扮下，古树宛如身长绿毛，枝条已变成了千万条虬枝，叶已老得呈古铜绿，与斜射余晖交融，顷刻间有来自侏罗纪的灵性遍及全身，亲密接触到树美山灵的秘境。

由于干坝子大山的高海拔和险峻，从山麓出发登顶最高主峰，根据体力差异，需要3~4个小时，所以，想亲密接触干坝子大山，一览干坝子大山的美景，肯定是要以劳累为代价的。

随着海拔的不断升高，人的心境也跟着变化，当然，这是一个仁者见仁、智者见智的问题。当耗尽全身的气力，终于站在山之巅登高望远之时，才能真正体会“会当凌绝顶，一览众山小”和“不畏浮云遮望眼，只缘身在最高层”的意境，没有到达过山之巅的人，是难以领会到这份旷达之意的。

传说，许多年前，释迦牟尼东去传教，骑着白象途经景谷傣族坝子，白象饿了，释迦牟尼想给白象找歇脚和吃草喝水的地方，可是景谷坝到处是庄稼和人家，释迦牟尼不想让白象糟蹋庄稼和惊扰百姓，于是继续向东方寻去。来到干坝子后，他看到此处地形独特，跟仙界象群生活的地方相似，只是缺少树、水、动物，没有一点生灵之气。释迦牟尼从净瓶里取了水轻轻一点，干坝子的山上立刻就有潺潺的溪流，水似玉带一样流过干坝子，从此干坝子有了

子杜鹃花

水；释迦牟尼又从玉袋中拿出仙种，轻轻一吹，干坝子大山到处长满了花草树木；有树有水，没有动物也不行，释迦牟尼就把自己的红色鱼形剑放到了小溪里，水里一会儿就有了一群群的小红鱼。因干坝子大山的水是释迦牟尼净瓶里的水，所以至今这里的溪流无论什么季节都异常透亮美丽，远远望去美如琼浆玉液，水中无一片树叶，当树叶落到小溪就会有小红鱼用嘴衔走。

有水有草，释迦牟尼的爱骑白象很快恋上了这片土地，草足水饱后也不愿离去，释迦牟尼只好敲打起紧急情况下召唤白象才能使用的四脚神鼓。之前，不管白象身处何方，只要一听到神鼓响起就马上回到释迦牟尼跟前，但这一次白象实在是太喜欢干坝子这块土地，任凭释迦牟尼敲烂了四脚神鼓也不离去。释迦牟尼把敲烂了的鼓放入小溪中，鼓的碎片变成无数石蚌，昼夜不停地叫唤白象。现在干坝子大山的溪水中还有许许多多石蚌，叫声与其他地方的不同，一到夜晚就咕咚咕咚地像敲鼓似的叫着，它们还在不停地呼唤着白象。看白象实在不愿离去，释迦牟尼只好把白象变成大山，融入干坝子大山之中，让白象永远守候着这片土地，所以干坝子大山变得更加险峻。

其实，无论是感官的美，还是触动心灵的元素，只有置身干坝子大山，才会有真实体会。

1 2 干坝子

磨黑板凳龙

一条普普通通的板凳，被赋予神秘的力量后，成为百姓的庇护，世代流传——这就是民族文化的力量。

磨黑板凳龙起源于清朝末年。

传说，某年，一向风调雨顺的磨黑遇大旱，眼看树木都要起火了，庄稼也要颗粒无收，靠天吃饭的老百姓束手无策。四堂庙哈尼族龙姓头人苦思冥想后，自己动手，用板凳扎了两条龙（后称板凳龙），以农历二月初二（民间传说，这天为龙抬头日）这天组织寨子里的老少群众，跳着传统的哈尼族舞蹈，虔诚地祭祀水龙王，祈求龙王降雨救民。天遂人愿，第二天，果然天降大雨，万物重新吐露生机，哈尼人渡过难关，过上幸福美满的生活。

从此，每年农历二月初二，四堂庙的哈尼族群众都要自发地跳着板凳龙舞，举行隆重的祭祀活动，以祈求神灵保护，保护老百姓风调雨顺、五谷丰登、六畜兴旺、家宅平安。逢初一、十五，当地的哈尼族群众还要到四堂庙舞板凳

龙祭拜，拜庙里供奉的神仙保佑老百姓，这一传统，至今已有100多年的历史。

板凳龙主要表演道具是当地百姓人家常用的四脚长板凳。表演前，在板凳上安放好绘制有龙头、龙身、龙尾的装饰，龙的眼睛、胡须、鳞甲等制作要求精致、传神，一板凳就是一条龙，一条板凳龙需三人合作表演。根据人员的多少和场地情况，有时是四条龙十二人，有时是八条龙二十四人。表演中还需四人打鼓，大镲、小镲、大锣、大钹、小鼓各一人，正中手持龙宝、宝圈，足登火轮鞋引领队伍进行各式花样表演为该队伍的核心人物。板凳龙舞中有雄雌之分，雄龙长有绿色胡须，雌龙长有红色胡须，舞蹈时雄雌对舞，或相互点头膜拜，或前爪悬空望月，或后脚悬空探海，舞蹈动

作变化无穷，时而蛟龙入海，时而祥龙飞天，一片龙腾盛世的大好景象。

磨黑板凳龙第四代传人龙江华为了传承本民族的传统文化，在传承和发展的基础上，对制作板凳龙的工艺进行改进，使所制作出的板凳龙和表演的板凳龙舞更具有地域特性和民族文化特征，更具表演性和观赏性，已顺利申报为市级非物质文化遗产。磨黑板凳龙已经成为磨黑古镇乃至宁洱县的一张文化名片。

听见芦笙响，脚板就发痒

宁洱民间歌舞如一朵朵艳丽、独特的奇葩，争奇斗艳，长开不败。其中，哈尼族和彝族人民的“跳笙舞”是宁洱境内最古老、最喜闻乐见的歌舞样式之一。

在宁洱农村，家里有个大小喜事，尤其是婚宴，是要准备一场“跳笙舞”晚会的。亲朋好友和寨邻中人白天在灶上忙，晚上要在火塘边唱一唱，跳一跳，棋逢对手，搞到天亮也是常有的事情。

“跳笙舞”可分为跳芦笙、跳三弦、跳歌等，大多以芦笙、三弦、唢呐、笛子、二胡、响篾等伴奏。其中，别具一格的“跳芦笙”因形式灵活多样，步伐多变，舞姿优美，唱词唱腔和谐悦耳而成为哈尼族和彝族人民最主要的歌舞样式。

相传三国时，刘备同曹操交兵，刘备屡打败仗，无奈之下，刘备采用军师徐庶的点子，结果把曹操打得落荒而逃。了解实情后，曹操非常想把徐庶挖到自己的队伍里来，冥思苦想不得其法。一日，一谋士献计曰：“徐庶只有老母亲敬在，只要将其母请来做人质，让其母写信催徐庶归来，徐庶是孝子，不得不归。”但徐母仗义，拒绝了曹的请求。后来谋士又献计仿照徐母的字体给徐庶写信，说其母病危，令其快归。徐庶见信，辞别刘备而去。刘备依依不舍，送了一程又一程。当徐庶远去的身影被树木挡住时，刘备命令士兵将树砍开，士兵齐声喊着跳着送别这名军师。曹操那边也下令士兵喊着跳着迎接徐庶。后来诸葛亮率军南下到思普大地，时常思念起刘备和徐庶，便把刘、曹两家一送一迎徐庶的感人场面编作舞蹈，传授给思普人民。思普人民代代相传，继而演化为今天的“跳笙舞”，并把刘备送别徐庶的感人场面作为和词来反复吟唱——“阿叔争尼瞧着哎，徐庶走尼邀来哎”或“阿叔咂”或“走你曲咂”。

夜幕降临，主人家把早准备在院子中间的火塘点燃，五六位芦笙手伴起奏来，大家便翩翩起舞，边跳边唱曲子。

唱曲子可分为独唱和对唱，独唱一般为娱乐助兴，喜庆朝贺，起到抛砖引玉、活跃气氛的作用。对唱是最精彩的部分，一般为年龄相当、辈分适合的男女一唱一答，充分展示个人综合唱腔素质，也很能表情达意，唱词唱腔步步为营，咄咄逼人，扣人心弦，引人入胜，不决出雌雄，誓不罢休。

“芦笙舞”主要有“三跺脚”“五跺脚”“二折一”“回娘家”“顺江边”“绵羊撕打”“苍蝇搓脚”“小白鱼翻身”等形式。和着芦笙欢快的节拍，双脚踏着领舞者的舞步，摆动双手，扭动腰肢，跨、扭、顿、拐、踢、跺、跳、进、退，抖动全身的每一块肌肉，围绕着火塘或桌子，按逆时针方向周而复始尽兴地跳个不停，一般三五分钟就可以学会，男女老少皆宜，所以，跳笙场都非常火热、豪放。

跳笙调（曲子）一般以七言两句或七言四句组成一调，每唱完一调（曲）还要配以“阿叔争尼瞧着哎，徐庶走尼邀来哎”或“阿叔咂”或“走你曲咂”的和声。如：“跳笙要跳三跺脚，跳起黄灰做得药。”“阿叔争尼瞧着哎，徐庶走尼邀来哎。”

即兴而唱的调子，大多采用“赋”“比”“兴”的表现手法，对仗工整，讲求押韵，一唱万和，朗朗上口。比如：

“要来要来快快来，莫学乌龟躲石岩。乌龟躲在石岩下，揪着尾巴拖出来。” “阿叔咂……”

“会跳笙的来跳笙，不会跳笙蹲墙根。”“阿叔争尼瞧着哎，徐庶走尼邀来哎……”

“老黄面瓜黄更更，不会跳笙逗人恨。”“阿叔争尼瞧着哎，徐庶走尼邀来哎……”

“小猪吃奶四脚蹬，不忘父母养育恩。”“阿叔争尼瞧着哎，徐庶走尼邀来哎……”

……

午夜时分，独唱基本结束，跳笙暂告一个段落。此时，好客的主人家摆出丰盛的夜宵：甜白酒、糖稀饭、糖茶等招待前来跳笙朝贺的人们享用。之后，跳笙转入紧张、刺激，跌宕起伏的对唱阶段。此时，老人、小孩因玩得疲倦、尽兴，相继离场后，只剩下那些辈分相同的，他们使出浑身解数，把气氛推向高潮。有些曲子内

1

涵丰富、含义深刻，贯古穿今，引经据典，手法多样，没有深厚的文化土壤做后盾，还有平时的磨炼，就望尘莫及。

（男）：“山对山来岩对岩，小河涨水过不来。如花似玉小阿妹，唱个曲子丢过来。”“阿叔咂……”

（女）：“葛皮树上葛皮浆，对面帅哥先开腔。唱个龙头对凤尾，唱个九曲十八腔……”

如此这般地，你对我还，唇枪舌剑，如果哪一方答不上来就算输，只能怪自己“曲”不如人，只等下回再见分晓。

除了“曲王们”的巅峰对决，还有怀春的少男少女们进行恋爱的前奏。芦笙一响，经过一番精心的梳妆打扮，少男少女纷纷赶往跳笙场，围着火塘或桌子，跳起欢快的“芦笙舞”。如果某某小伙子看上了某某姑娘，他首先会捡个石头试

❶ 篝火晚会
❷ 哈尼三跺脚

水深：

“山上花来山下花，一个不唱小桂花（女孩名字）。桂花飘香十余里，十里八村人人夸。”

此时，小伙子要察言观色，静听“弦”外之音，如果姑娘唱出“上山听见百鸟音，画眉唱得最动听。画眉虽然唱得好，没有阿哥好声音”等之类夸奖、赞美你的曲子，说明她对你有一点好意。这时，小伙子以攻为守，得寸进尺：“大河发水沙连沙，一条鲤鱼一条虾。虾要跟着鲤鱼走，只怕鲤鱼不带虾”。如果姑娘唱：“妹是鲤鱼顺江游，成群鱼虾身后追。鲤鱼跳过龙门去，气死王八江中归（龟）”等之类带有贬义的曲子或“三只阳雀欲过江，两只飞起一只单。单的一只莫难过，天涯处处芳草香”。则说明她对你无意或她早已有了心上人，这桩婚姻无望，你就得另择金枝。如果姑娘唱，“石榴开花叶子青，谈婚论嫁趁年轻。真心实意赢得爱，芭蕉结果一条心”之类情意绵绵的曲子，说明她对你一片“春心”早在玉壶。

经过几番“激情燃烧”，小伙子可以示意姑娘退出跳笙场，到花前月下谈情说爱，也许明年的今日就是别人为他们跳芦笙朝贺的良辰吉日。

跳笙曲子除了歌唱亲情、友情、爱情，还有歌唱祖国、党的政策等方方面面的曲子。譬如，“万里长空白云飘，党的恩情比天高。竹当笔来水当墨，写不尽来唱不完”等。“跳笙舞”是广大劳动人民在长期的生产劳动中创作出来的古老的歌舞样式，是茶乡各族人民智慧的结晶，是我们热爱祖国、热爱党、热爱生活，缔造生活的集中表现，更是各族人民娱乐消遣、表情达意的最佳方式，是人与人之间真情实感的自然流露，是丰富人们精神文化生活的重要形式，是哈尼族和彝族文化之瑰宝。

温泉——布孔人的秀美家乡

温泉，如一名温润秀美的女子，恬静自然地呈现在山谷之间，见证着这块土地的美好和善良。

9 月的彩云之南，天空湛蓝高远，棉花样的云朵顽皮地飘浮在空中，随性地变幻着模样。明媚的阳光下，一座座绿意融融的小丘陵连绵起伏，山脚下的水田被切割成一块块平滑的镜，似是哪位仙女落下的魔镜，闪着耀眼的光，让人觉得站在上面，便可以翩翩起舞，一条贯穿全村的穿寨路蜿蜒向前，草木葳蕤，一派恬静秀美的好景象。

这是江苏卫视真人秀节目《明星到我家》航拍镜头下的温泉村，不知勾起了多少观众对温泉村的向往。温泉村位于宁洱县城东南部，距县城 8 千米，有 16 个村民小组，这里有着浓郁的哈尼风情，这里风景秀丽、茶园遍布村寨，人茶相伴、自然和谐，

发现温泉的秀美，江苏卫视并不是第一人。在很久以前，哈尼布孔人的祖先向南迁移时就发现了这块秀美之地。

传说哈尼族迁移时，因长途跋涉，过度疲劳，加之拖儿带女，有一部分人落在了队伍后面，走在前面的人一路走一路做下标记，让落下的人跟随这些标记追上大部落，当走到温泉时，落下的人们看到路旁被砍断的芭蕉都已经长出了新芽，便灰心地一屁股坐在地上长叹：“芭蕉都长这么长了，哪里还追得上大队伍？”再一看温泉地势平缓，风景秀丽，更惊喜地发现有四眼天然涌泉，泉水清澈温热，疲惫不堪的人们便决定留在这里生活，并为这里取名“温泉”，把留在温泉的哈尼人称为“改多白罕”（哈尼语，意为走漏下的人）。哈尼族布孔支系的后人自此在这里安居乐业、繁衍生息。

如今，温泉村还保留着许多哈尼人的传统风俗，而这些风俗的背后大都有着一个凄美的传说，其中最广为人知的便是红蛋节

和祭竜。

红鸡蛋的传统在各地许多民族中都存在，在哈尼人心中更是具有丰富的内涵。古人以鸡为百禽之长，认为其具有镇伏妖魅的作用，鸡从蛋出，蛋由鸡生，则蛋亦有神性。哈尼人对蛋有着原始崇仰，进而发展到视其为祥瑞之物，旧时民间还盛行用鸡蛋占卜之俗；古人又以为凡遇喜庆之事，必有妖魅相扰，或某些特定的节气与时辰，必有病疫侵入，所以食蛋防范。且红色在民间被看成是喜庆吉祥之色，红鸡蛋也便有着辟邪禳灾的功能，有赐福送子、喜庆安乐之意。

每年的农历二月的第一个属猪日，温泉村的布孔人便要过一个特别的节日——红蛋节（哈尼语称普玛图，意为纯洁吉祥）。这个节日最初起源于一个美丽善良的哈尼姑娘且依。

古老的布孔山寨里有户人家，他家里有一个聪慧善良、人见人爱的姑娘，名叫且依。这一年且依年方十八，和附近寨子里帅气壮实的哈尼小伙阿约定下了婚约，只待来年二月间举办婚礼。

农历六月的一天，且依接到山那边姑姑家传来的口信，说姑姑得了重病，让且依过去照顾她几天。姑姑的丈夫早逝，没有子女。且依得知后十分担心，便急急忙忙装上几个糍粑，收上两件衣服就上路了。六月里正是雨水泛滥的季节，且依出门后天降暴雨，连续几个时辰不曾停歇，山涧里发起了洪水。到山那边要经过一条几米宽的大河，且依的父母担心女儿的

❶温泉村哈尼红蛋节

❷哈尼红蛋

安危，第二天就让且依的哥哥到姑姑家看看她是否平安，可且依根本没到姑姑家。哥哥心急如焚，原路返回寻找且依，且依却如同飞进林子里的小鸟，无踪无影，只有那奔流的河水翻滚着滔滔浊浪。

从此，寨子里的人再没有见到过且依，比树叶还要多的日子在悲痛中一天天过去。第二年春天，俏丽可人的迎春花开了，且依的婚期一天天临近，可她还是没有回来。这一年农历二月的第一个属猪日，带着对且依的哀思，亲人们用小红参染了两个红蛋、一双红筷，用黄色的染饭花染了一碗糯米饭，放在供台上祭祀祖先，献给且依。他们在心里默默祈祷着，祈望且依不管身在何方，能不能回家，不管是在阴间还是阳间，那日子都能过得像红蛋一样团团圆圆，像红筷一样快快乐乐，一碗黄饭能够保佑她幸福吉祥。

自此，哈尼人代代相传，形成了这个有着特定仪式的节日——“红蛋节”。如今，红蛋节被赋予了新的民俗功能，有着破陈出新、迎接万物新生、辟邪禳灾的功能，重在祈佑哈尼山寨幸福吉祥、村

民安康、六畜兴旺。

温泉村的汉族和哈尼布孔人都有着祭竜的习俗，和红蛋节一样，祭竜也源起一位美丽的姑娘。在故事里，这位美丽的姑娘到龙王庙找水喝，一时起贪念，悄悄拿了供台上的一对金耳环，岂知这耳环乃是龙王的聘礼，回家之后姑娘不吃不喝，形容憔悴，终于姑娘香消玉殒，被龙王一阵暴风骤雨、敲锣打鼓娶了去。她临死前喝剩的碗底的水也变成了一块金子，那是龙王留给父母的聘礼。出于对神灵的敬畏和对姑娘的悼念，温泉村自此有了祭竜的习俗，妇女不能参与祭竜，更不能出入竜林。

众多扑朔迷离的传说给温泉笼罩上了几分神秘的色彩，但更多的时候，它还是宛如一名温润秀美的女子，宠辱不惊地静立在蓝天白云下，见证着这块土地和生活在这块土地上的布孔人的风雨兼程和欣欣向荣。

“人家在茶林生，茶树在人家长”的自然优势，更形成了山水、田野、茶林和农家小屋水乳相交的美丽村寨。正因为温泉山清水秀、恬静优美、民风淳朴，让人心怀释然、返璞归真。江苏卫视真人秀节目《明星到我家》节目组在跑遍大半个中国后，最终把温泉定为了节目摄制基地，让彩云之南的温泉村，揭开神秘的面纱，向全国观众大方地展露迷人的风采。

❶ 温泉村春茶开采仪式

❷❸ 秀美温泉村貌

天济文昌耀宝塔

锦袍山并不太大，也无险峰峭石，但它高耸入云，清雅奇秀。流畅丰沛的山形蕴藏着自然清逸的灵惠之气，空灵寂静的山谷中，溪水潺潺，莺歌婉转。

锦袍山，“学而优则仕”之山，“脱下布衣穿锦袍”之山……

钟灵敏秀的锦袍山坐落在宁洱城东，与城西神奇瑰丽的普洱山遥相呼应，因地处普洱府城门外，又称“东门山”。

锦袍山并不太大，也无险峰峭石，但它高耸入云，清雅奇秀。流畅丰沛的山形蕴藏着自然清逸的灵惠之气，空灵寂静的山谷中，溪水潺潺，莺歌婉转。一丛丛幽兰竞相吐萼，花影绰约间，浮动的兰香随着风悠悠地萦绕在山头山箐、林间小道，奇香馥郁，延绵不绝。这美轮美奂的景色在清代被誉为“东岑兰萼”，锦袍山也因此成为清代宁洱的“普阳八景”之一。

清道光年间，文人单乾元充满激情地赞美它可以寄托高洁之志，抒发爱国之情，亦能采兰山上，驱除不祥，与《楚辞》《诗经》中所描述的意境相媲美。在清道光《普洱府志》中，就收录了单乾元吟锦袍山的五言绝句：

岩岫绵幽谷，崇兰竟吐枝。
雨来新沐后，人去独香时。
骚雅湘江怨，闲清溱洧诗。
可怜烟瘴地，素影结心知。

在古代宁洱人眼中，锦袍山颇具凌云之阳刚，又兼紫气东来的祥瑞，因而它一直充当着宁洱县城的守护神。每年立春之时，地方官员都会率领百姓，大张旗鼓，倾城出动，前往锦袍山下拜接春神。每年正月十六，宁洱城内的妇女也会借“走百病”之俗，登山远眺，愉悦身心。

清嘉庆二十一年（1816 年），为雄镇边关，扶正祛邪，地方政府募集资金，在锦袍山顶建成“文笔塔”，其寓意为“青天做纸塔尖为笔倒书青天，天地相接，人得天佑，兴化人文，求得文风昌盛”。因而，又称“凌云塔”，当地人广称“东塔”。

至此，钟灵毓秀的锦袍山上伫立起一座以“天济文昌”冠名的凌云宝塔。此塔高 35.1 米，共 17 层。气势不凡的宝塔，如同一支擎天巨笔直插云霄，成为古普洱府蔚为壮观的标志性建筑之一。

锦袍山东塔

据说，古普洱府的人们之所以将文笔塔建在锦袍山上是有诸多良苦用心的。当然，这也是仁者见仁、智者见智的说法。

一说，宝塔建于锦袍山上，寓意“学而优则仕”，有诗云“普中文笔塔为峰，修卜登科喜气浓”。旧时莘莘学子，寒窗苦读，就盼最终能够“鲤鱼跃龙门”，从此实现“脱下布衣穿锦袍”之愿望。因此，旧时读书人，每逢大考之前，都要登上锦袍山，立于文笔塔下顶礼膜拜，以求“天济文昌”，庇佑“开卷有益”。

又说，锦袍山对于异地任职的官员、奔波劳碌的商贾们来说寓有“衣锦还乡，如归故里”的吉祥意义。于是，旧时当地的道府官员，路过宁洱的大小官吏，以及各路商人等，也纷纷登山拜塔，以祈福、祈富、祈贵、祈顺心如意。

更有人称：曾在锦袍山上多次看到神奇瑰丽的“佛光”，因而坚信，在此山水之间，藏有“佛光普照”的灵气，有缘者可以在此达成某种心愿，或是获得一种新生。于是锦袍山一如地处繁华的寺庙，总是人头涌动，众多红男绿女带着各自的心愿到此祈求佛祖保佑。

其实，不管是哪一种说法，抑或赋予何种含义，在人们的意识里，有一点是心有灵犀、共识相通的。那就是，几乎所有的人都将锦袍山当成了风水宝地；几乎所有的人都景仰其元气的炽盛，水通脉连，降瑞呈祥。

像众多的古道遗存一样，锦袍山上的文笔塔在历经沧桑巨变和世代风雨之后，渐渐衰朽，尽管漫漫岁月无法带走锦袍山依旧灵秀的身影，但巅峰之上曾盛极一时的文峰塔影却早已杳无踪影。

古时，锦袍山多兰萼，农历三月，各色兰花盛开，清香四溢，美不胜收，故称“东岑兰萼”，是“普阳八景”之一。

2005 年，这是一个尊重文化、关怀人文的时代。为重现普洱历史文化中曾经启迪人文观照边地的文笔塔，宁洱各界人士及宁洱旅居海外的华人华侨共同集资，在锦袍山上重建文笔塔。

如今，节节高升的 971 级石梯，以一气贯通的之势，直达锦袍

文笔塔

山顶，一座崭新的宝塔重新矗立在山顶原址。这座完全依照曾经的规格复原的宝塔，以重书凌云壮志的姿态伸向蔚蓝的天宇。作为古代普洱文化的重要符号，锦袍山与文笔塔承载着古普洱因茶而盛，因道而兴的历史人文及曾经蜚身海内外的辉煌，预示着以一片茶叶命名的大地重振雄风的锦绣前程。

2008 年 8 月 18 日，普洱中学优秀学子（被北京大学、清华大学录取的高考状元和当年的中考状元），满怀对家乡的眷恋与挚诚，携带着对后来者的希望与祝福，登上锦袍山，亲手种下了 8 棵菩提树，昭示着人文蔚起的锦袍山增添了生机勃勃的景象，宁洱百姓将这片菩提树林称之为“状元林”。

去年夏天，我曾独自登临锦袍山。从山脚沿着青石铺就的石梯一路向上，971 级阶梯，让我不免气喘吁吁。抬头仰视高高耸立的塔尖，我似乎觉得自己离文峰好远。那是七月流火时节，山上树木葱茏，细看还有满坡的板栗树，带刺的栗子一簇簇地缀满枝头。

石梯上只有我一个人默默地走着，一颗心向往着自己所要造访的主角，步子也轻松了许多。

终于达到了山顶，终于站在了高高的文笔塔下。

我曾经无数次地在过往宁洱的路上眺望过这座高塔，那时，这座只是在志书中展露过凤毛麟角的宝塔就已经令我神往。

此刻，我只身立于塔下，四下里寂静无声。抬头仰望塔尖，我看到它朴实无华却又光芒四射，在广袤无垠的苍穹下卓然而立，青灰色的一砖一石不可移易地向上叠加，建构成棱角清晰的塔身直至锋芒如笔的顶端。我就那样静静地站立在塔下，任凭思绪飞扬，我甚至想到了“倒书青天”“兴化人文”，即使只是再度的创造，那也是需要一种文化精神，一种境界，一种胸襟，一种气度和一种情怀。

绿韵盎然小黑江

苍翠的山林，清澈的江水，鸟儿鸣叫，鱼儿穿梭，小黑江，现代生活的世外桃源。

小黑江位于宁洱县西北部，发源于镇沅县大王田头、赵家山一带，流经景谷、宁洱、普洱，最后汇入澜沧江，全长107公里。小黑江离宁洱城20余公里，如此近的地方有山、有江、有林，是久居城市的人们向往的一个休闲度假的好地方。

绿色是小黑江最美的容颜，一年四季春意盎然，千万年永不褪色。山峦绵延险峻，森林苍茫如海，江如玉带飘逸，物种多样丰富，蓝天白云，山清水秀，空气清新，鸟语花香，实在让人流连忘返，养眼、养心、养生！

这是一片上百万亩森林包裹的江。说不清是森林孕育的江，还是江水滋养了森林：沿江两岸森林茂密，树木遮天蔽日倒映在江面，树林染绿了江，江水也映绿了山林。森林因江而灵动，江水因森林更加秀美。

冬春季节的小黑江，很窄很浅，清澈见底，宛如一位文静、纤秀的窈窕淑女，就连白云飘过也能看见她的脚印。春夏季的小黑江，就是位粗暴、强壮、勇猛的汉子了，发起脾气势不可当，赤红的江水桀骜不驯，发出的吼声回荡山谷。江里鱼类很多且生态营养，尤其以大红翅膀鲤鱼、棍子鱼、面瓜鱼、小猪鱼、小红尾巴出名。每到春夏季节，到小黑江捉鱼成为小城人们的大乐趣。如果觉得拿点小鱼小虫不过瘾，就从一号桥顺流而下十余千米到二号桥区域，那里是糯扎渡电站淹没库区，高峡出平湖，碧波浩渺，鱼儿成群，几十至上百斤的大鱼，看你是否有本事捕到。

在小黑江林区观日出、赏云海是另一种眼福。

最佳观光点自然是大尖山瞭望塔了。清晨，撕开浓厚的雾霭，踏着潮湿的小径，顺着麻木河盘旋上山，蓊郁的针阔叶露珠滴答不止，和着几声清脆的鸟鸣，细柔的雾露凉凉的、淅沥无声亲吻你，好像只是瞬间的事情，头发就完全湿漉漉的，紧贴在额头上了。此时的脸庞如做美容般，有“嗖嗖”的钻肤感，呼吸带着松香气味的清新空

小黑江

气，感觉心肺“扑通扑通”在体内欢快地洗澡呢，如此舒畅的感觉是久违的。走到半山腰，雾更浓更厚了，都那么激情澎湃地从四面八方扑来，把你紧紧地包裹起来……终于到了

小黑江卫国林业局经营区

山顶，鸟瞰小黑江林区，阳光照射下的雾在缓慢升腾，似纱似帘，朦胧柔美，身影拉长在光环里，七彩的环仿佛是佛光护佑。山峦时隐时现，似潜艇、似猛兽，形态千奇百怪，步移景变，美轮美奂。此时的心情就是“会当凌绝顶，一览众山小”的豪迈了，情不自禁地伸出双手，仰头大声呼喊。因为，距离蓝天那么近，都想让白云知道，已经来到她的身边。

每年 5 月后，几场雨水落地，松针枯叶下，羊肝菌、大红菌、青头菌、奶浆菌、马屁泡、鸡坳开满山野，五颜六色如花朵，一拨一拨地长在林下，成片生长，喜煞了赶山的人们。无论是捡了自己食用的，还是背到市场销售的，都无不感激这大自然无私的馈赠。

小黑江，不能说出的美丽！

❶ 小黑江普贤寺

❷ 小黑江一号桥

银之魅

外表光滑雪亮，形状各异的银饰品，是宁洱历史文化的积淀，是现代生活的装饰，那是一种美，更是一种延续……

“美人首饰侯王印，尽是沙中浪底来。”唐代诗人刘禹锡的诗句，形象地说明了银器历来普遍受人喜爱。银是贵重金属，硬度适中，具有延展性，易捶打成形，又有亮丽的天然色泽，是制作工艺品的良好材料。自从人类认识了银，便将其加工成为各种银制品，银器的制作在中国古代已经发展到比较高的水平，其器物形制、纹饰千姿百态，美不胜收。

宁洱银器加工有几百年的悠久历史，素以光亮、轻柔、质纯等特点著称，以加工精美而见长，深受各族群众的喜欢。普洱市 14 个世居民族，银器饰物品种繁多，大多出自宁洱工匠之手。从庙宇中的银烛台，酒宴上的银筷、银杯、银酒壶，以及富绅家中的银碗，无不焕发出宁洱银器的光彩。

银饰的美是苍凉古朴的，珠玉的美是悠长而内敛的。我曾从外婆那里继承得一套老银饰，全是宁洱老银匠一点一点打制出来的，

宁洱银饰品系列

可见从前银匠工艺非凡，在过去，好的银匠没有三五年是出不了师的。

好的首饰给人一种震撼的感觉，让人不觉眼前一亮，爱不释手。在市场上淘老银也是如此，漂亮的首饰哪怕要价多高也想拥有它。即使自己哪一天不想拥有它了，为它寻找有缘之人也容易得多。古人手工堪称精湛，现在的银器大多是模子里面倒出来的，手工刻画、錾丝的工艺几乎见不到了。这一个个老银手镯仿佛诉说着历史故事，沉淀着历史的烙印。

玉石的美，是悠长而内敛的，银饰的美，是苍凉古朴的。古人制作银器，堪称精湛，手工雕刻、錾，一点一点打制出来。每一个老银手镯，都沉淀着历史的烙印；每一个老银手镯，都在诉说着一段不能忘怀的故事。现在，宁洱的银器大

多是用模子做出来的，可依然掩饰不住其大家风范。

时至今日，银饰的热潮，仍未减退，“穿金戴银”依然是现代的潮流。金与银两色相配的璀璨耀目，百搭易衫，单是轻轻点缀腕间，已有画龙点睛之效，连打扮低调、追求素雅的潮流人士，都会利用首饰迷人的冷银白色光泽，来装点自己。银首饰在生活中十分具有现实和个人主义色彩，它可以随心所欲，却又不乏优雅和永恒感。讨喜的纯银白色适合各种肤色，并且光泽明亮夺目，使得它的主人，不论到哪里，都是人们注目的焦点。工作场合，也可以用银饰品对我们的职业装画龙点睛。银的质地坚硬耐久，使得它的可用性也大大增强，跳跃迷人的冷银白色和正式的职业装绝对是一对好搭档。一到节日正是把自己打扮得光鲜亮丽的时候，而银首饰绝对是假日里绚丽夺目的焦点。仅仅是当作节日礼物赠送，也能够表达你对生命中至爱女人的情怀。

现在的年轻人已经不再是静待潮流来袭，他们更愿意做的是引导和创造潮流，而银首饰就是他们的宠儿。再也找不到像它这样性价比高的金属了。因此，各种各样的银制的手镯、项链、手链、脚链、耳坠、项圈和耳环比比皆是。从古老到现代，银饰伴随我们走过了多么悠长的岁月。如今的年轻人更加老练和新潮，银饰品正是他们为了满足自己个性需要而苦苦寻找已久的东西。

宁洱银首饰的设计极为丰富，从传统端正到个性大胆均有，人们可以根据自己的喜好、着装风格和经济能力，从让人眼花缭乱的众多银饰品中选择适合自己气质和个性的首饰，无论是民族的，还是现代的，装饰烦琐还是简单，那都是种历史，一种文化的缩影。

宁洱银饰系列产品

观音山寺

山，谈不上巍峨；风景，也不算秀丽；庙宇，更不是气宇轩昂。那只是一般的闲庭别院，野花凡草，却是正房耳房俱全，一群暮年女人住在里面，每日洒扫庭院，弹灰拂尘，燃香诵经，侍奉佛祖，为四方而来的朝圣香客解忧释惑——这就是宁洱县城西北方的观音山，一个日益被众人寄托美好愿望的、香火越来越旺的宿命之地。

山，谈不上巍峨；风景，也不算秀丽；庙宇，更不是气宇轩昂。那只是一般的闲庭别院，野花凡草，却是正房耳房俱全，一群暮年女人住在里面，每日洒扫庭院，弹灰拂尘，燃香诵经，侍奉佛祖，为四方而来的朝圣香客解忧释惑——这就是宁洱县城西北方的观音山，一个日益被众人寄托美好愿望的、香火越来越旺的宿命之地。

史书记载，吴三桂兵变，迁至普洱府时，为了寄托他政治上的野心和对小妾陈圆圆的无尽思念和牵挂而修建的此寺。这个记载，应该更符合逻辑规律和人文情怀。

世事变迁，观音山寺经历了无数的劫难：被焚烧、被摧毁、被践踏……经无数善良人士的不断修缮，如今的观音山寺，依然焕发着当年的风采：红墙灰瓦，雕龙绘凤，画红描彩，庄严肃穆。塑有观世音等诸位菩萨像，还有弥勒佛祖、

四大天王、哼哈二将等众仙的法像，一如仙家圣地。

观音山寺里常年有超凡脱俗的僧侣主持，清斋教徒诵经念佛，祈求风调雨顺、太平吉祥。每到节假日和周末，这个地方便成为远离嘈杂和繁华，求佛问世的好地方。人们怀着敬畏之心，虔诚地烧香拜佛，请求观音菩萨给予生活、工作、家庭、婚姻等方面顺遂。此时的观音山寺，人头攒动，香火缭绕，香味远飘，气势不凡。

磕了头，烧了香，甚至，也抽了一个上上签，那些看不见的意外阻挠所带来的不愉快、不顺利和种种

坎坷，都交给观音菩萨帮助解除了，剩下的，就是踏踏实实地做人、做事，一切皆顺利无比，可谓心想事成了。此时的心情，自然是非常轻松的，诚心诚意地吃顿素斋，都是些寻常百姓家种植的蔬菜做成，诸如花生汤、豆腐脑、茄子酥等，满满一大桌，是与平时完全不同的口味，也是满心欢喜。

都说，这观音山寺比较灵验，只要是合情合理的请求，只要是诚心诚意地请观音菩萨了，基本上，都能够圆满，所以，名声日益扩大。尤其是每年大年初一，有香客是年三十傍晚就等在寺庙外，为的是能够烧初一的头炷香。初一这一天，小小一个观音山寺，水泄不通，还有很多虔诚之人因为挤不到寺庙面前烧一炷初一的香而怀遗憾之心。

其实，一个人，决定用一生去守候一个约定的时候，那过程，就不再是等待，那是一种美好与安宁，像观音山寺一样，成为一个厚实的佛教文化符号。

①观音山寺

②③④观音山寺里的生活

宁洱红薯赛板栗

红薯，人类健康长寿的福音。

宁洱红薯，当地人称为“黄心山药”，主要是指在宁洱镇民安一带纯生态种植出产的红薯。刚从土里挖出来时，口感沙而细腻，素有“普洱红薯赛板栗”的美称。

宁洱红薯，当地人称为“黄心山药”，主要是指在宁洱镇民安一带纯生态种植出产的红薯。

据考证，在宁洱县民安一带，曾经出现过火山爆发，遗留下的火山灰堆积起来，形成松软、深厚的红色或者褐色土层，呈酸性和微酸性，土层较厚，偏黏，适合种植薯类作物。

民安一带产出的红薯，在滇南一带久负盛名，特别是黄心红薯，其外观呈长圆柱形，光滑、皮薄、心黄，淀粉含量高，色香味俱佳。刚从土里挖出来时，口感沙而细腻，素有“普洱红薯赛板栗”的美称，在家里存放一段时间后，口感变成香甜细腻的了，此时的普洱红薯，含糖量比较高。

世界卫生组织（WHO）经过 3 年的研究和评选，评出了六类最健康的食品和十大垃圾食品。最健康食品包括最佳蔬菜、最佳水果、最佳肉类、最佳食油、最佳汤食、最佳护脑食品六类，而红

薯，被列为 13 种最佳蔬菜之冠。

据专家介绍，红薯不但营养均衡，而且具有防止亚健康、减肥、健美和抗癌等功能。红薯含有膳食纤维，胡萝卜素，维生素 A、B、C、E 及钾、铁、铜、钙等 10 余种微量元素，营养价值很高，被营养学家称之为最均衡的保健食品。北京中医药大学养生室张湖德教授介绍，每 100 克新鲜红薯仅含 0.2 克脂肪，产生 99 千卡热能，大概为大米的 1/3，是很好的低脂肪、低热能食品；同时，又能有效阻止糖类变为脂肪，有利于减肥、健美。红薯含有大量膳食纤维，在肠道内无法被消化吸收，却能刺激肠道，增强蠕动，有利排毒。日本国家癌症研究中心公布的 20 种抗癌蔬菜排行为：红薯、卷心菜、西兰花、芹菜、胡萝卜等。我国医学工作者曾经对广西西部百岁老人之乡进行调查后发现，此地的长寿老人有个共同特点，就是习惯每日食红薯，甚至将其作为主食。《本草纲目》《本草纲目拾遗》等古代文献记载，红薯有“补虚乏，益气力，健脾胃，强肾阴”的功效，使人“长寿少疾”，还能补中、和血、暖胃、肥五脏等。当代《中华本草》说，红薯是“味甘，性平。归脾、肾经”。能“补中和血、益气生津、宽肠胃、通便秘。主治脾虚水肿、疮疡肿毒、肠燥便秘”。

黄心山药

食用红薯，一定要蒸熟煮透，因为红薯中淀粉的细胞膜不经高温破坏，难以消化。再者，红薯中的气化酶不经高温破坏，吃后会产生不舒适感；食用红薯过量或者不合理时，会引起腹胀、胃灼热、泛酸、胃疼等。

红尾巴鱼的盛宴

宁洱以各种生态美食让南来北往的人驻足、流连忘返……各种野菜、花、叶、茎、根、笋、菌，生态的蜂儿、竹虫、知了、泥爬虫……一年四季轮番上阵，每一道都味美，让人目不暇接，不惜山高路远，慕名而来，其中，红尾巴鱼的诱惑是不可小觑的。在宁洱，小红尾巴鱼绝对是当地一道经典、生态的招牌美食。

宁洱以各种生态美食让南来北往的人驻足、流连忘返……各种野菜、花、叶、茎、根、笋、菌，生态的蜂儿、竹虫、知了、泥爬虫……一年四季轮番上阵，每一道都味美，让人目不暇接，不惜山高路远，慕名而来，其中，红尾巴鱼的诱惑是不可小觑的。

小黑江、西萨河、把边江蜿蜒在宁洱这块土地上，这些河不仅滋润这块土地，还养育着名目繁多的鱼虾虫类，红尾巴鱼就更普遍了。

刚从河里网回的小红尾巴鱼还在活蹦乱跳的，破腹洗净，撒上盐，稍作腌制待用。热气腾腾的油锅将姜、蒜、酸笋、番茄、辣椒等作料炒熟炒香，加水下鱼，煮上 10 分钟，撒入大葱、芫荽、少许味精，起锅。这种做法，鱼肉细嫩鲜美，鱼汤口感酸爽，吃在嘴里，舒服在心里。那酸爽的鱼汤极其下饭，稀里哗

捉红尾巴鱼

啦，吃得酣畅淋漓，抹抹额头上的汗珠，还有些意犹未尽，不知不觉间便撑圆了肚皮，让不少爱美女士惊呼：减肥计划又失败了！

相对酸笋鱼，清汤鱼在口感上要温柔许多，细腻鲜甜的口感让人回味无穷。顺冷水放入腌好的鱼、花椒、姜、大蒜、野芫荽、猪油、盐、胡椒，盖上锅盖，不宜搅动，起锅时加入大葱、味精，盛在白瓷大碗里，葱绿蒜白、汤白色鲜、鱼香浓郁。再打上蘸水，品位上升，风味十足，让那些受不了酸笋刺激的人也可以大快朵颐。

油煎小鱼的美味就更不用说了：小鱼洗尽放入盐、姜末、味精、黄酒腌制，放入八成热的油锅，煎得黄生生、香喷

喷，配上鲜红的干辣椒段，还没起锅，鱼香裹着呛鼻的辣香就浓得让人无法抵御，它弥漫在每一个角落，无孔不入。才端上桌，所有人都顾不得斯文了，七嘴八舌，争先恐后，让自己像个孩子一样在心仪的食物面前返璞归真。吃在嘴里，皮酥肉嫩，口齿留香，经得起眼、口、心三检。就着小鱼，喝口小酒，一天的劳累都烟消云散了。这就是宁洱慢节奏的惬意生活。

除了煮着吃、煎着吃，抹上盐晾成小鱼干外，还可以做腌鱼。把小鱼晒至半干，用糯米面，辣椒面、盐、酒、花椒面、芫荽拌匀腌到坛子里。平时做饭时，掏出一碗盖上点猪油、姜末，放锅里隔水炖得透透的，既有腌菜的酸爽，又有鱼肉的鲜香，很下饭。还可以捎至远方，让无缘到宁洱的亲戚朋友尝一尝宁洱的风味美食。更让那身处异乡的家人、学子勾起对家乡、亲人浓浓的思念。

“吃鱼的爸爸最强壮，吃鱼的妈妈最漂亮，吃鱼的孩子最聪明”，说的是宁洱的小红尾巴鱼吗？要是你有缘来到宁洱，就让小红尾巴鱼带你赴一场味蕾的盛宴。

❶ 捉红尾巴鱼

❷❸❹ 红尾巴鱼

宁洱杀猪饭，乡情浓郁时

每年进入腊月后，忙碌了一年的庄稼人就要宰头猪，宴请亲戚朋友左邻右舍来吃一顿热热闹闹的杀猪饭，这是茶乡宁洱的一大传统风俗。

进入腊月间，村村寨寨老百姓就歇下手头的活计，开始杀猪吃了。一家老小吃了东家吃西家，吃了上家吃下家，如同20世纪六七十年代中国的大锅饭一样，尽管抬着肚皮吃就是了，不必破费，无须送礼，不论来的是全家福还是单身汉孤身女。当然，可以有礼有节地拎一包糕点或扛一箱苹果、啤酒送给主人家的。不管哪一种情况，都可以名正言顺地入席大口吃肉，大碗喝酒，大家欢聚一堂，共同庆祝这一年的丰收喜悦。

“杀猪饭”是宁洱很典型的一个地方风俗，它饱含茶乡各族人民热情好客，真挚淳朴的情感。

三五个汉子提着绳索，吆喝着把猪圈门打开，彪悍的杀猪匠口里叼着亮晃晃的一尺多长的杀猪刀，在肥猪拱出圈门的瞬间，拎着猪的一只后腿，“嗯”的一声，肥猪倒地，众汉子一拥而上，把猪的四蹄捆个结结实实，一声吆喝，肥猪放翻在平放的门板上，在尖利的猪叫声中，杀猪匠的刀子飞快捅进猪的脖颈直达心窝，刀子抽出，猪血裹着热气冒着泡射向预先备好的木桶。血放完，开水锅里走一遭，拎出来，七手八脚刮猪毛，眨眼间，黑猪变成了白猪，杀猪匠麻利地破开肚腹，捧起护心血喝上几大口，接着掏肠肚，出板油，下排骨，斩后腿，不用多长时间，一头肥猪就收拾停当。

宁洱的杀猪饭至少要做八大碗。最常见的有：葱姜炒猪肝，清水煮肉丁，腌菜蒸扣肉，油炸红薯排骨……猪身上的每个部位你都可以尝到，并痛快地吃饱吃够。吃杀猪饭，度数高达五六十度的烈性酒显然少不了，当天吃剩下的猪肉，就腌的腌，剁的剁了，不光是过年待客，也为来年的肚皮，做了储备。

杀猪饭是以流水席的形式进行的，从烤肉上桌一直吃到日落西山亦不休。一般人家最少也有三四桌客人，当然，多的就是几十桌，这要看这家的人缘关系，和杀猪的目的了。来吃杀猪饭的客人越多，气氛越热闹，就证明人缘关系越好，越有面子。

我几乎每年都要多次参加这样的盛宴，这都归功于我有很多乡下的亲朋好友，我经常和一大班乡下朋友相见恨晚，经常一起喝酒聊天。前不久，我就应同事周叔的邀请，与周家侄儿，还有几个要好的同事来到西萨——周叔的姐夫家吃杀猪饭。这是个利索、精致的小宅院，主人是一位姓秦的六十几岁的人，高挑清瘦，一脸的睿智，给人一种清风道骨的感觉。他热情地招呼我们进屋，他儿子在一旁发烟。进屋坐在暖融融的炉火桌旁，大家相互客套几句，气氛轻松融洽。屋内大盆里白花花的清肉正冒着白气，肉香盈满一屋，这就是杀猪饭的主菜——清煮白花肉。交谈之间，桌上就摆满了酒菜，主人一阵吆喝，我们就都端起了酒杯。我不善饮酒也不太吸烟——都只沾着边吧！感谢主人的热情，也倒了小半

碗他自家酿造的苞谷酒，一轮酒下来，早已是面红耳赤。再添时，我赶紧推辞：不太会喝，马上要高了。他说“过下路”，确实也没倒多少，可几次“过下路”下来，我更迷糊了，满桌的菜都尝不出味儿。“烟酒不分家”，做儿子的在一旁把烟发了一轮又一轮，我是满耳满手的烟，却还得接着，这是他们的热情，让我这只带着一张嘴来的城里人有点不适了，也只能入乡随俗。家里的女人们都忙碌着炒菜、端菜、盛饭，洗菜、洗碗。每桌都有人守着倒酒、添菜、盛饭，饭是用一个小木桶装着的白米饭和黄澄澄的玉米饭。主人怕我吃不惯玉米饭，为我盛了一碗白米饭，我急切地说：“就是想要玉米饭。”金黄的玉米饭端在手里煞是好看，一粒一粒的黏度很好，像一颗颗金灿灿的宝石，放入嘴里甜甜的还挺有嚼劲，听说吃上一顿，一天都不觉得饿。

烤　肉

酒足饭饱后来站起来在小院走走，此时仍有客人不断步进走出。小院的角落有几个年轻人在一起边烤肉边聊天，走近，递上一根烟就热乎起来，他们是在外创业的年轻人。一顿杀猪饭把我们这些毫无相干的人聚到一起，举杯欢谈，这只能说是缘分。

主人家见我们聊得起劲，又赶紧叫人搬来板凳，让我们坐下，端来茶水，又是一阵海聊，我们成了主人心目中珍贵的客人。这让我们感到很荣幸与感动，心里就如见到久别的亲人，有说不完的话语，更让我有把“他乡当故乡”的感觉。

夜幕降临，在黑暗的催促下，我们谢绝了主人一再的挽留，在如水的月光护送下原路返回。

杀猪饭的魅力，不仅在滋味，还在气氛；杀猪饭的过瘾，不仅在喝酒吃肉，还在动感热闹；杀猪饭的美食，在于自然本味。吃杀猪饭的客人越多，气氛越热闹，主人越高兴。杀猪饭真正让我感受到宁洱美好的风土人情，浓郁的乡土气息；感受到一方水土的美丽、一方人的热忱。

❶ 杀猪宴
❷ 赴杀猪宴
❸ 猪　蹄

豆汤米干慢慢唆

一碗传统老普洱的豆汤米干，所能品尝到的，不仅是味道，还有这摇曳的历史时光。

豆汤米干是外来游客到宁洱必须享受的一道美食，也是大多数宁洱人，尤其是上了年纪的老普洱人每天早上早餐的首选。

对外地人来说，豆汤米干是对异地饮食风格的品尝和享受；对老普洱人来说，豆汤米干是对老时光、老故事的一种怀念。他们以吃豆汤米干来提醒自己，不要忘记历史，因为，忘记历史，就是忘记祖宗，忘记自己的根。天长日久，每天早上吃一碗豆汤米干，就成为老普洱人的一种习惯了。

豆汤米干，顾名思义，就是在米干（即卷粉）里配以豆汤汁的一道美食。

豆汤米干的主要功夫在米干和豆汤的制作上。精选产自本地深山峡谷的上等米（红米、白米均可），清水淘洗浸泡后，用青石磨磨成米浆，用汤勺舀一勺，装进特制的米干盘

中，摇动均匀后，把盘放进滚开的开水锅里蒸，瞬间即可。十指头蘸点冷水，轻轻一撕，米干薄如蝉翼，香糯软滑。豆汤则采用本地种植的优质豆，同样淘洗浸泡后，用青石磨磨成浆，放入纱布袋中挤压，浆和渣便分开来，豆浆放入文火中熬熟即可。

米干切成细条，放入碗中，浇上两大勺鹅黄色的豆汤，桌子上摆满作料，可由着自己的口味调配，酱油、味精、盐巴、姜蒜泥、花椒油、泡着酱油的青辣椒，以及自己家腌制的腌菜。因了这许多种调料，碗中的色彩渐渐浓重，搅拌均匀后放入口中，满口清香、舌面润滑，那个美啊，难以言说！

酥软的米干被各种味道层层包裹，最后竟然每一口都像包含了人生的各种滋味。那一刻，这些滋味融化在老屋檐下安静的阳光里，最后全部沉淀在那一碗香稠的汤汁中。顽皮的孩童们，常常把

1 2 早餐——豆汤米干

碗底扒光后，再伸长舌头，随着碗边一转，把粘在碗壁的豆汤舔得干干净净，才意犹未尽地放下米干碗……

由此派生出的花生汤米干，豌豆汤米干和豌豆凉粉也是很有名气的。

“吃一碗老普洱的豆汤米干”是到宁洱必做的事，并且，随着时光的更替，这碗豆汤米干更具有历史的风味了。

宁洱豆汤米干

等着您来，咱们一起品尝。

后记

宁洱，原名普洱，是驰名中外的普洱茶原产地、命名地、加工和集散中心，是茶马古道的源头。清雍正七年（1729年）设普洱府，雍正十三年（1735年）设宁洱县，至今已有两百多年的历史。历经漫长岁月的积淀，这块神奇美丽的土地日益散发出诱人的魅力。

勤劳智慧的宁洱人民在长期生产生活实践中，探索出了独特的普洱茶栽培和普洱茶生产加工工艺，铸就“普洱茶”这一驰名中外的历史品牌。

于清雍正时期设置的普洱府，曾是滇南地区政治、经济、军事文化中心。当时的普洱，茶事兴旺、商贾云集、会馆林立、马帮往来、商业繁荣、教育兴旺、人盛文昌，普洱府呈现一片繁荣景象。普洱府亦成为与大理、蒙自和昆明齐名的云南四大名府。

“北有丝绸之路，南有茶马古道”，这是对存在于中国西南地区，以马帮为主要交通工具、以茶盐贸易为主要内容的民间国际商贸通道——茶马古道的最佳赞誉。那一条条茶马古道，从这里出发，走向全国、走向世界。

红色文化亦是神奇宁洱的另一诠释。这里是思普大地的革命摇篮，这里曾谱写过一曲曲波澜壮阔的革命历史凯歌，以杨正元、李晓村、曾庆铨、蒋仲明等为代表的革命志士，为了边疆少数民族人民的自由、幸福和解放，抛头颅、洒热血，直至献出宝贵的生命，用信念、忠诚和执着撰写了边疆少数民族地区群众一心一意跟党走，坚定不移建设新家园的壮丽篇章。

《文化普洱·宁洱》是一部概括宁洱历史人文发展，展示今日宁洱风采的文化图书。本书以图文并茂的形式，讲述古普洱府、普洱茶、茶马古道、红色宁洱和风情宁洱的历史文化及人文风采，以文字的形式，构筑出宁洱前世今生的历史脉络。此书是宁洱文化人的集体智慧，是大家辛勤劳动的成果，对弘扬优秀的传统文化，促进社会和谐发展有着十分重要的意义。

《文化普洱·宁洱》编委会